EMISSÁRIO DA LUZ
UMA VISÃO DE PAZ

James F. Twyman

EMISSÁRIO DA LUZ
UMA VISÃO DE PAZ

Tradução
equipe especial Rocco
(Ver página de créditos)

Rio de Janeiro – 1999

Título original
EMISSARY OF LIGHT
A vision of peace

Copyright © 1996 *by* James F. Twyman

"Edição publicada por acordo com
a Warner Books, Inc., New York, NY, EUA
Todos os direitos reservados"

Em todo este livro foram alterados
alguns nomes e descrições pessoais em
respeito à privacidade das pessoas envolvidas.

The Peace Seed (As Sementes da Paz), encontradas no
começo de cada capítulo, são versões abreviadas das 12 orações pela paz
oferecida em Assis, Itália, no Dia da Oração pela Paz Mundial durante o
Ano Internacional da Paz, das Nações Unidas, 1986.

Warner Books e Editora Rocco não são responsáveis pela divulgação
nem pelo conteúdo de informações ou dados fornecidos pelo autor
e por outras fontes listadas na página 241

Primeira publicação por Aslan Publishing 1996.

Direitos para a língua portuguesa reservados
com exclusividade para o Brasil à
EDITORA ROCCO LTDA.
Rua Rodrigo Silva, 26 - 5º andar
20011-040 - Rio de Janeiro, RJ
Tel.: 507-2000 - Fax: 507-2244

Printed in Brazil / Impresso no Brasil

Agradecimentos à colaboração dos seguintes tradutores:
ALYDA CHRISTINA SAUER/ANA LÚCIA DEIRÓ/
ANNA MARIA LOBO/AULYDE SOARES RODRIGUES/
PEDRO RIBEIRO/TALITA M. RODRIGUES

CIP-Brasil. Catalogação-na-fonte
Sindicato Nacional dos Editores de Livros, RJ

T941e	Twyman, James F. Emissário da luz: uma visão de paz / James F. Twyman; tradução equipe especial Rocco. – Rio de Janeiro: Rocco, 1999 Tradução de: Emissary of light: a vision of peace ISBN 85-325-1007-8 1. Twyman, James F. – Viagens – Croácia. 2. Paz – Aspectos religiosos. I. Título.
99-0345	CDD - 248.4 CDU - 248.3

Para Aquele que Está no Centro

Sumário

INTRODUÇÃO ••• 9

UM
O chamado ••• 13

DOIS
O sonho ••• 31

TRÊS
Como são as coisas ••• 49

QUATRO
O guia ••• 65

CINCO
O segredo ••• 77

SEIS
Aquele que Está no Centro ••• 91

SETE
O poder da luz ••• 101

OITO
O segredo da cura ••• 115

NOVE
Começa a ofensiva ••• 137

Dez
A dádiva do amor ··· 157

Onze
A fuga ··· 175

Doze
A história não termina ··· 193

Organizações de Paz ··· 241

Nota do autor ··· 242

Introdução

"Durante toda a minha vida fui assombrada por Deus." Lembro-me da primeira vez que ouvi minha amiga, Lisa Wagner, dizer isso. Foi durante seu monólogo sobre a vida de Dorothy Day e as palavras explodiram dentro de mim. Eu também sempre fui assombrado por Deus. Quando era pequeno, sentia um anseio misterioso e apaixonado pelo Divino. Pensava então que era natural ter experiências místicas, que todos tinham e, como minhas raízes estavam profundamente plantadas na educação católica, parecia-me que eu só tinha uma saída. Um mês depois de terminar o primeiro grau entrei para um mosteiro. Seria padre e devotaria a vida à prece e ao silêncio, buscando uma união mística com meu Adorado. Há anos eu sonhava com aquele dia e quando o enorme portão de ferro se fechou atrás de mim, tive certeza de que acabava de passar para um mundo novo.

A rigidez vazia dos rituais antigos, no entanto, ecoava em mim e me deixava indiferente. Fosse o que fosse que procurava, não ia encontrar nas fórmulas mágicas e na insistência dogmática de qualquer instituição. Tinha de deixar o mosteiro e procurar sozinho. Eu me sentia como Sidarta, deixando os ascéticos, Buda deixando o palácio dos pais. Mesmo que tivesse de caminhar sozinho, seguiria meu coração e nada mais.

Sempre fui um homem paradoxal. Quando pequeno, era a ovelha negra, rezando na igreja ou ficando de castigo depois das aulas. Embora abençoado com dons, acreditava que meu maior atributo era ser uma pessoa comum. Não sou mais inteligente, não sou mais alto, não sou mais especial do que pessoa alguma. A única coisa que me diferencia é o desejo de servir – de ser um instrumento da Paz. Santa Teresa de Ávila certa vez referiu-se a si mesma como uma vassoura no canto da sala. Sempre que o chão ficava sujo, estava pronta para ser usada, um instrumento nas mãos de Deus. Eu morava e trabalhava em Chicago com homens e mulheres, vítimas desabrigadas da AIDS. Assim eu era usado. Foi quando comecei a sentir que estava outra vez voltando à origem, o lugar que sentia quando criança, cuja lembrança sempre me perseguiu.

Há alguns anos resolvi aplicar meu dom natural para a música a serviço de minha busca. Eu queria ser como São Francisco de Assis, um trovador, sem teto, sem dinheiro cantando a Paz. De modo algum podia saber que isso me levaria para mais perto da minha missão verdadeira do que poderia ter imaginado. Esta é uma história real de uma aventura incrível. Começa no inverno de 1994. Eu estava morando numa comunidade espiritual dedicada ao estudo de *Um Curso em Milagres* – o livro que mudou minha vida. Eu acredito em milagres. Talvez por isso essa aventura me encontrou.

ORAÇÃO DE SÃO FRANCISCO

Senhor, fazei-me instrumento de vossa paz.
Onde houver ódio... que eu leve o amor.
Onde houver injustiça... o perdão.
Onde houver dúvida... a fé.
Onde houver desespero... a esperança.
Onde houver trevas... a luz.
Onde houver tristeza... a alegria.
Oh Divino Mestre,
fazei que eu procure mais
Consolar... que ser consolado,
Compreender... que ser compreendido,
Amar... que ser amado,
Pois é dando... que se recebe,
É perdoando, que se é perdoado,
E é morrendo... que se vive para a vida eterna. *

---

* *Lord, make me an instrument of your peace./ Where there is hatred ...let me sow love./ Where there is injury... pardon./ Where there is doubt... faith./ Where there is despair... hope./Where there is darkness... light./ Where there is sadness... joy./ O Divine Master,/ grant that I may not so much seek/ To be consoled... as to console,/To be understood... as to understand,/ To be loved... as to love,/ For it is giving... that we receive,/ It is in pardoning, that we are pardoned,/ It is in dying... that we are born to eternal life.*

ÁUSTRIA
HUNGRIA
ESLOVÊNIA
Zagreb
Trieste
Rijeka
CROÁCIA
BÓSNIA-
HERZEGOVINA
SÉRVIA
Sarajevo
Split
Mostar
Medjugorje
MAR ADRIÁTICO
ITÁLIA
ALBÂNIA
GRÉCIA

UM
O chamado

ORAÇÃO HINDU PELA PAZ

Oh, Deus, conduza-nos
  do irreal para o real.
Oh, Deus, conduza-nos das trevas para a luz.
Oh, Deus, conduza-nos da morte para a imortalidade.
Shanti, Shanti, Shanti para todos.
Oh, Senhor Deus altíssimo, que haja paz
  nas regiões celestiais.
Que haja paz na terra, que as águas nos apaziguem.
Que as ervas nos nutram, e as árvores e plantas nos
  encham de paz. Que todos os seres benfazejos
  nos tragam paz.
Que a Lei Védica espalhe paz por todo o mundo.
Que todas as coisas sejam para nós, fontes de paz.
E que a Sua paz, ofereça paz a todos, e que eu receba
  a paz, também. *

– SEMENTES DA PAZ

---

* *Oh God, lead us from the/ unreal to the Real./ Oh God, lead us from darkness to light./ Oh God, lead us from death to immortality./ Shanti, Shanti, Shanti unto all./ Oh Lord God almighty, may there be peace in/ celestial regions./ May there be peace on earth./ May the waters be appeasing./ May herbs be wholesome, and may trees and/ plants bring peace to all. May all beneficent / beings bring peace to us./ May thy Vedic Law propagate peace all/ through the world./ May all things be a source of peace to us./ And may thy peace itself, bestow peace on all,/and may that peace come to me also.*

As palavras explodiram em mim como uma bomba. Só meses mais tarde, recordando, compreendi quantos eventos, aparentemente desconexos, foram necessários para me levar à Bósnia. Nunca os notamos quando estão acontecendo. Um encontro fortuito é visto como coincidência. Uma pequena centelha de pensamento inspira outros pensamentos, criando uma cadeia de novas possibilidades. Meses, anos passam antes que todas as peças se encaixem para revelar o grande plano. Minha sensação era de que estava sendo conduzido por um caminho estranho e cósmico. Quando terminou e olhei para trás, era fácil ver a cadeia de circunstâncias inspiradas.

Certo dia, meu amigo David me deu as orações pela paz tal como aparecem nas doze maiores religiões do mundo. Disse que havia conseguido num lugar chamado Abadia da Paz, na periferia de Boston. Não sei por que David me deu as orações mas lembro-me dele ter dito que foi uma inspiração. Independente do que ele sentiu, não li. Assim que voltei para o meu quarto, abri a gaveta da mesa e guardei a folha de papel em cima das outras. Eu não estava interessado. Um mês depois, David e vários outros amigos voltaram para Boston. Falavam em criar uma comunidade espiritual na área e embora eu não conhecesse a Nova Inglaterra, senti um enorme desejo de visitar meus amigos. Resolvi passar as duas primeiras semanas de abril com eles e depois tomar o trem para a Flórida, para uma semana de sol.

Quando fazia a mala para a viagem, encontrei as doze orações. Sentei e comecei a ler a Oração hindu pela Paz. "Oh, Deus, conduza-nos do irreal para o real. Oh, Deus, conduza-nos das trevas para a luz. Oh, Deus, conduza-nos da morte para a imortalidade. *Shanti, Shanti, Shanti* para todos." Tive uma estranha sensação. Foi como se estivesse ouvindo música, como se a prece estivesse sendo cantada para mim. Apanhei meu violão e toquei o que estava ouvindo. Era belo. A canção se escrevia sozinha. Há anos cantava em público, mas jamais tivera uma experiência igual. Quando terminei, li a oração budista pela Paz. Outra vez ouvi a música. Ouvi cada uma e anotei o que ouvia. Foi uma sensação revigorante e energizante. Quase sem que tivesse tempo de perceber, as doze preces estavam compostas. Nenhuma levou mais de dez minutos. Sabia que algo incrível tinha acontecido. Minha vida nunca mais seria a mesma.

Quando cheguei a Boston, pedi a David para me levar à Abadia da Paz. Era na verdade um centro de retiro espiritual e uma escola para crianças com problemas de desenvolvimento. Em 1986 morreu um dos estudantes e Lewis Randa, o diretor da Abadia e da Escola de Experiência da Vida, prometeu levar as cinzas da criança para Assis, na Itália, a terra de São Francisco. Por coincidência, quando chegou, estava sendo realizada uma conferência importante. Pela primeira vez na história, os líderes das doze maiores religiões do mundo reuniam-se para orar pela paz. Lewis Randa sentiu-se tão inspirado que resolveu levar as Preces pela Paz de volta para os Estados Unidos. As preces que eu havia musicado surgiram naquela reunião.

Todas as manhãs, as crianças da escola se reunem para uma cerimônia especial de oração. Telefonei para Lewis no dia que cheguei a Boston e expliquei o que tinha acontecido. Ele me convidou para cantar duas ou três preces na manhã seguinte. Assim que cheguei me senti em casa. Nós nos reunimos em volta de uma longa mesa retangular com os nomes dos famosos pacifistas gravados de cada lado. A cerimônia começou com as crianças passando uma vasilha de cobre com água à volta da mesa e umas lavando as mãos das outras. Depois leram os nomes inscritos. Algumas mal podiam pronunciar as palavras, mas havia uma sensação de graça na sala inexplicável. Lewis então me apresentou e cantei duas preces. Ninguém se moveu. Foi um momento sagrado. Nós todos sabíamos que eu fora chamado àquele lugar. E eu sabia também que não ia sair dali dentro de duas semanas.

Em dezembro do mesmo ano, Lewis e as crianças me concederam o título de "Trovador da Paz". Concordei em dedicar a vida a compartilhar aquelas lindas preces e músicas. Durante o ano seguinte eu deveria viajar pelos Estados Unidos apresentando o Concerto para a Paz. Um CD acabava de ser lançado e eu me preparava para uma longa viagem. O plano inicial consistia em me apresentar em igrejas e universidades americanas, durante seis a oito meses, depois passar o verão na Europa. Minha intenção era acrescentar a Bósnia e a Croácia ao itinerário. Eu sentia que o "Trovador da Paz" devia ir onde a paz fosse necessária. Não sabia se ia conseguir entrar na área ou, se entrasse, se poderia cantar para o público. Tinham me convidado para cantar num comício em comemoração ao milésimo dia do cerco da Bósnia-Herzegovina e Croácia e estava ansioso para cantar a prece cristã e a muçulmana na região dos Balcãs sempre que fosse possível.

Devo admitir que sabia muito pouco sobre a política da guerra dos Balcãs. Como a maioria dos americanos, sabia que a antiga Iugoslávia estava num turbilhão e que os povos da Bósnia e da Croácia lutavam por suas vidas. Mas não sabia ao certo contra quem estavam lutando. As reportagens que lia ocasionalmente eram bastante incompletas. O sofrimento parecia imenso e era por isso que queria ir. Esforcei-me conscientemente para não me envolver no drama político, acreditando que me ajudaria a continuar imparcial e a não fazer nenhum julgamento. Nenhuma guerra tem a ver com religião, disso tenho certeza. Religião fala de paz e para mim a música é um meio de fazer com que os povos compreendam isso. Resolvi começar entrando em contato com organizações de paz nos dois países e procurar um patrocinador. Enviei informações com o meu pedido para cerca de cento e cinqüenta organizações humanitárias na região dos Balcãs. Então esperei.

Meses passaram, sem resposta. Eu já tinha na minha agenda apresentações na Alemanha e na Itália, mas reservei duas semanas no fim da viagem, para o caso de acontecer alguma coisa. Uma atriz de Chicago, minha amiga, estaria viajando por toda a Europa com um monólogo durante o tempo que eu estaria por lá. Nós dois tínhamos sido contratados para nos apresentar numa convenção internacional de paz em Assis. Ela me indicou vários outros concertos possíveis, para o caso de não dar em nada meu pedido para a Bósnia e para a Croácia. No começo de maio, quando estava encerrando meus preparativos para a viagem, já havia quase desistido. Ia partir em duas semanas, certo de que a Croácia e a Bósnia não seriam incluídas no meu itinerário. Depois de algum tempo na Alemanha, pretendia tomar um trem para a Itália e passar três semanas em Assis. Só isso já era a realização de um sonho. Além de ser o lugar onde foram pela primeira vez feitas as orações pela paz, durante toda a vida sempre desejei fazer a peregrinação à cidade de São Francisco. Aos dezoito anos, entrei para um seminário para ser frade franciscano. Saí depois de dois anos, mas meu amor por São Francisco, o "Poverello", jamais morreu. Eu deveria falar, tocar e cantar na convenção internacional Pax Christe, em Assis, depois ficar mais duas semanas para vários concertos. Uma vez que aparentemente não iria à antiga Iugoslávia, resolvi ficar em Assis mais um mês, para orar e refletir. Ofereceram-me uma pequena capela para conduzir, todas as tardes, a meditação para a paz. Esse novo plano me pareceu ótimo.

    Foi então que o fax chegou. Três dias antes de deixar os Estados Unidos, uma organização pela paz, na Croácia, respondeu ao meu pedido. O inglês era péssimo, mas compreensível. "Gostaríamos que viesse nossa cidade Rijeka para cantar canções de paz. Precisamos de muita paz aqui. Poderia chegar em meados de junho? Suncokret, Girassol em inglês, é organização humanitária pagará as despesas. Espero que venha. Sua amiga, Gordana."

    Respondi imediatamente por fax. "Para mim será um prazer." Isso significava uma alteração nos meus planos. Resolvi passar três semanas em Assis, duas semanas na Croácia e voltar para Assis. Encontrei Rijeka no mapa. Era a terceira maior cidade da Croácia, bem perto da fronteira com a Itália. Há vários detalhes importantes no planejamento de uma agenda de concertos. Mas eu não sabia onde ia ficar, nem onde ia me apresentar. Na minha resposta solicitei essas informações, antes de sair dos Estados Unidos. Incluí também um número de fax em Assis, para o caso da resposta não chegar dentro de três dias. Nada recebi e depois de três dias viajei para a Europa esperando que a pressa não tivesse feito Gordana mudar de idéia. A todo momento fazia o possível para me lembrar da virtude da paciência.

Depois de uma curta estada na Alemanha, tomei o trem para Assis, em Munique, mais ou menos às quatro horas, compartilhando a cabine com dois jovens italianos. O inglês deles era quase ininteligível e foi muito divertida a tentativa de comunicação entre nós. Passei quase toda a noite estudando um livro de frases em italiano, presente de um amigo, antes de embarcar. Cheguei a Assis de manhã depois de poucas horas de sono, mas excitado demais para me importar. A Itália era tão bela quanto havia imaginado. O trem passou por inúmeros vales e montanhas, com bonitos povoados romanticamente aninhados em todos os cantos. A estação ficava no vale abaixo de Assis. Um ônibus levava os passageiros por uma estrada sinuosa, que ia até o topo do Monte Subasio. Assis ficava na encosta da montanha. Seus muros antigos de pedra começavam no topo da colina e desciam para circundar o lugar mais musical que já vi. O ônibus me deixou na frente do portão principal. Aqueles eram os muros que antigamente protegiam Assis. Agora eram a lembrança de um tempo passado, dos dias em que o próprio São Francisco patrulhava a área com sua armadura para defender a cidade contra seus vizinhos da Perúgia.

Quase tudo em Assis fora preservado para lembrar aquele tempo. Fora os hotéis e as armadilhas para turistas, Assis permanece como era há mais de oitocentos anos – uma obra-prima espiritual de simplicidade e compaixão. Passei a primeira semana dentro dos muros da cidade, apresentando-me para a convenção Pax Christe e as duas semanas seguintes em San Masseo, um pouco mais abaixo, na encosta da montanha, um mosteiro do século XI transformado em centro para jovens interessados em seguir o estilo de vida franciscano.

Fiquei sabendo da existência de San Masseo num encontro casual com um homem, em Munique. Ele notou a cruz franciscana que eu usava e perguntou se eu ia a Assis. Eu disse que ia e ele escreveu o endereço de San Masseo e os nomes de dois padres americanos, padre Joe e padre Paul. Cerca de cem pessoas passam o verão em San Masseo. Durante a parte da manhã oram em conjunto e depois trabalham no pomar de oliveiras próximo. As tardes geralmente são passadas em silêncio e oração.

Durante minha estada em San Masseo conheci um belo jovem italiano chamado Giovani, devoto de Maher Baba, um avatar das Índias Orientais, que amava São Francisco e foi a Assis para dormir na caverna secreta que São Francisco muitas vezes usava como ermitério. Giovani conhecia o caminho para a caverna e uma tarde levou-me até lá. Mal dava para duas pessoas, mas sentamos e oramos por quase uma hora. Foi uma experiência incrível para mim e resolvi, assim que tivesse oportunidade, passar pelo menos uma noite sozinho na caverna. Depois, Giovani e eu subimos ao topo de Monte Subasio. Quando estávamos sentados no alto da montanha, nuvens espessas nos envolveram. Tive a sensação de estar num mundo completamente novo – até as nuvens ficarem escuras e ouvirmos o ronco surdo do trovão. De um momento para o outro estávamos no meio de uma incrível tempestade de granizo. Os pequenos pedaços de gelo picavam nossa pele. Começamos a correr, depois paramos quando lembramos onde estávamos – no topo da montanha. Não tínhamos para onde ir. O gelo se transformou em chuva e fizemos uma maravilhosa caminhada montanha abaixo, encharcados até os ossos.

O número do fax que mandei para Gordana era de um convento de freiras americanas, em Assis. A diretora era amiga de uma amiga e concordou em receber a mensagem. Todos os dias eu passava pelo convento e Irmã Rozita me recebia no portão. "Nada hoje, Jimmy, sinto muito." Quando me mudei para San Masseo era um pouco mais difícil passar pelo convento. As pessoas que moram em Assis têm os músculos das pernas mais reforçados. De San Masseo até o portão, não eram mais de oitocentos metros, mas uma subida íngreme. Já estava pensando que tinham desistido do convite para a Croácia. Não houve tempo suficiente para combinar tudo adequadamente. Embora entusiasmado com a possibilidade de viajar para a Croácia-Bósnia, estava feliz em Assis. Novamente comecei a fazer planos para ficar mais um mês.

Estava limpando os toaletes do dormitório dos homens quando Padre Joe me chamou para atender o telefone. Era a Irmã Rozita. Havia chegado um fax da Croácia. Quando cheguei ao convento, a Irmã Rozita me esperava no portão. O fax era de Gordana. Os preparativos estavam sendo feitos e já tinham a permissão do governo. Eu devia partir de trem dentro de dois dias. A viagem de trem até Trieste, na fronteira da Itália com a Eslovênia, levou um dia inteiro. De Trieste até Rijeka levamos uma hora e meia de ônibus. Levei algum tempo para encontrar o terminal do ônibus, embora ficasse no outro lado da rua da estação. Ao contrário da maioria dos europeus, os italianos não se preocupam muito em aprender outra língua. Nesse aspecto, são iguais aos americanos. O mais engraçado foi que, durante minha viagem pela Europa, descobri que o significado da expressão, *um pouco*, em inglês, é muito relativo. Quando se pergunta a um alemão se fala inglês, geralmente ele responde "um pouco" e começa a falar melhor do que muitos americanos. Quando se pergunta a um croata se fala inglês, e ele diz "um pouco", começa a falar com dicção e gramática excelentes. Mas quando se diz a um italiano, *"Io non parlo italiano. Parla English?"*, inevitavelmente ele diz um pouco, como os outros. Porém, depois de uma pequena investigação, eu sempre descobria que a expressão "um pouco" é a única do seu vocabulário de inglês. Fora isso, é a gesticulação que funciona.

    O ônibus estava cheio, mas não lotado. Ao meu lado sentou um homem moreno de uns vinte e poucos anos. Era alto, parecia agressivo e a princípio me intimidou. À nossa direita estava uma jovem loura muito atraente. Atrás de mim estava um homem idoso e gordo de cabelos brancos que parecia disposto a conversar. Ele e o homem ao meu lado já estavam empenhados numa conversação descontraída. A jovem olhava pela janela. Parecia assustada e isolada. Depois de algum tempo, o homem ao meu lado disse alguma coisa em croata. Eu disse que era americano e não entendia sua língua.

    – Ah, um americano – disse, com entusiasmo. – De onde você é, na América?

    – Originalmente de Chicago – respondi.

    – Ah, Chicago, Michael Jordan, os Bulls. Um dos nossos grandes jogadores croatas joga nos Bulls. Você conhece Toni Kukoc?

— Não conheço pessoalmente, mas já o vi jogar. — Era exatamente o que precisava. Sou um fã incondicional dos Bulls e pensar no meu time me ajudou a relaxar. Descobri também que os croatas são apaixonados pelo beisebol americano, quase tanto quanto nós.

— Eu sou da Virgínia — o homem idoso disse com um acentuado sotaque croata. — É a primeira vez em vinte anos que volto à minha terra natal. Sou construtor de navios e agora cidadão americano. Mas ainda tenho vários parentes aqui na Croácia que não vejo há muitos anos. Com a guerra, tudo está diferente e não sei ao certo o que aconteceu com eles. — Voltou-se para a jovem. — De onde você é? — perguntou em inglês.

— Suécia — disse ela e voltou a olhar pela janela.

— Suécia? — disse o velho. — Americanos e suecos num ônibus para a Croácia... talvez para sermos mortos por um tiro. Por que vai à Croácia?

— Meu namorado mora em Zagreb.

— Detesto Zagreb — disse o homem ao meu lado. — Vou voltar para casa. Fica muito perto da área tomada pelos malditos sérvios. Odeio os sérvios. Se pudesse, matava todos. Fui soldado e matei muitos deles. Aqui, matar não é grande coisa. Todo mundo está acostumado com a morte. Você está sentado num café e alguém joga uma bomba. *Buum!* Dez pessoas mortas. Acontece todos os dias. Passei seis meses na Itália trabalhando num navio de cruzeiro. Mas agora vou para casa. Se os sérvios chegarem à minha cidade, mato todos. Você só compreende isso se for croata. Esta guerra entre croatas e sérvios é muito antiga. De modo algum é possível a paz em pouco tempo.

Embora alarmado com tanta violência, achei que era uma oportunidade para saber mais sobre o que estava acontecendo. Talvez conseguisse pelo menos saber quem estava lutando e qual o motivo da guerra. Pedi a ele que explicasse.

— É muito simples. Os sérvios são uns desgraçados. Pensam que qualquer cidade onde moram sérvios, mesmo que sejam minoria, pertence à Sérvia. Se essa cidade for na Bósnia, é deles. Se for na Croácia, é deles também. Nada disso importa. Se você não é sérvio, tem de sair. Se não sair, morre. Os sérvios da Bósnia são

pessoas que vivem há muito tempo na Bósnia, mas são cristãos ortodoxos, não católicos ou muçulmanos. Por isso eles acham que são sérvios. Não querem fazer parte da Bósnia, embora morem ali. Se me perguntar, eu diria que eles estão confusos. Como se pode estar num país e desejar estar em outro? Não há possibilidade de paz aqui. O único meio seria os sérvios deixarem a Croácia e a Bósnia. Se querem ser sérvios, melhor ir para a Sérvia. Se não forem, muitos mais vão morrer.
 – Mas como podem fazer isso? – perguntei. – Como podem mandar todos que não são ortodoxos sair do país, só porque desejam estar na Sérvia?
 – Porque eles têm os militares – ele disse. – Antes disto tudo começar, a Iugoslávia tinha o terceiro exército mais forte da Europa. Quando a Iugoslávia foi dividida, os sérvios ficaram com a maior parte dos armamentos. A Bósnia não tinha armas nem capacidade para se defender. A Croácia tinha algumas mas não o suficiente. No começo, os sérvios invadiam o que queriam e matavam quem estava no seu caminho. Agora eles tomaram quase toda a Bósnia e, na Croácia, todas as terras da fronteira. Uma vez que a Sérvia tinha todas as armas, eles tinham certeza de poder fazer o que quisessem. Quem podia impedi-los? A América?
 – Como a religião entra em tudo isso?
 – Entra e não entra. A religião é um pretexto para odiar e matar. Sempre foi assim aqui. A Croácia é quase toda católica romana, a Sérvia é ortodoxa e a Bósnia é tudo – muçulmana, católica e ortodoxa. Os bósnios têm mais problemas porque são os mais diversificados. Quase 75% da Bósnia foram tomados pelos sérvios da Bósnia. Só 25% da Croácia. A religião é só uma desculpa. Ninguém se importa realmente. Dizem: "sou católico, portanto sou croata". Ou "sou sérvio, portanto ortodoxo". Mas nada disso significa alguma coisa. Eles só querem o poder e continuar a se odiar mutuamente – voltou-se para a jovem. – E você pensou que vinha passar umas férias.
 – Mas as lutas não são perto de Zagreb – ela comentou. – Certo?
 – Toda a área não é problema – disse o velho –, embora tenha sido bombardeada uma vez ou duas. No mês passado, os

sérvios bombardearam o centro da cidade de Zagreb. Umas cinco pessoas morreram. Mas é na fronteira da Bósnia com a Croácia que estão lutando. Não chegue perto. É muito perigoso, especialmente para uma americana. O governo dos Estados Unidos sempre esteve do lado da Bósnia e da Croácia. A Rússia sempre deu apoio à Sérvia. Precisam compreender, a Sérvia jamais quis a divisão da Iugoslávia. Queria continuar como um forte país comunista, depois da morte de Tito. Mas nunca foi um país. Mesmo com Tito era clara a diferença entre croatas e todos os outros. Assim que Tito morreu, nós saímos, como todo o resto. A Sérvia está furiosa e acha que tem direito de tomar a área que quiser.

– E Rijeka? – perguntei. – Como foi afetada por tudo isso?

– Nada acontece em Rijeka – ele disse. – Está protegida. Nenhuma guerra jamais atingiu Rijeka. Mesmo quando Hitler nos invadiu, ele passou direto por Rijeka. Também pelo fato de estar tão perto da Itália, os sérvios nunca a tocaram. Bombardear Rijeka é se arriscar perto demais do resto da Europa. A Bósnia e a Croácia esperam que o resto da Europa entre na guerra. É a nossa única esperança, porque a Sérvia é forte demais.

– Rijeka é a cidade mais segura da Croácia – disse o homem ao meu lado. – Quando a Croácia declarou independência, o exército iugoslavo deixou Rijeka pacificamente. Nos outros lugares, destruíram muito coisa antes de sair. Em nenhuma guerra Rijeka foi tocada. É muito estranho. – De repente sua expressão mudou e ele ficou excitado. – O Chicago Bulls era o maior time do mundo com Jordan. Agora não é nada.

Eu estava feliz por voltar ao basquete, mas tinha aprendido bastante. Mais do que qualquer coisa, aprendi como aquela guerra era confusa. Havia os sérvios, os bósnios-sérvios, a Bósnia e a Croácia, para não mencionar as outras repúblicas menores, alinhadas em uma ou outra direção. Todos com quem conversei eram contra a Sérvia, mas eu sabia que estava ouvindo apenas um lado da história. Tudo isso reforçava minha decisão de continuar com a música e fora da política. Não tinha certeza se me deixariam. Aquela breve conversa me mostrou a enorme carga emocional existente em tudo aquilo. Eu não me preocupava com quem estava certo ou errado, só queria demonstrar que deve haver uma solução melhor do que a guerra. Mas estariam eles prontos para uma solução melhor? Começava a pensar que não. Havia paixão na guerra, mesmo com toda morte e todo horror. O ódio é uma emoção passional e quando alguém acredita que vale a pena estar certo numa disputa, independente do custo, essa é uma emoção difícil de ser descartada. Será que queriam mais estar certos do que ter paz? Naquele momento, a resposta parecia óbvia.

O ônibus devia passar por duas fronteiras. A primeira era da Eslovênia, um pequeno país sobre o qual eu sabia pouca coisa, e depois da Croácia. A entrada na Eslovênia foi tranqüila. O motorista parou no portão, assinou um papel, e continuou. Quando chegamos à fronteira da Croácia vi soldados e tanques ao lado do ônibus e vários caminhões e um tanque ao lado de um prédio de tijolos. Paramos e dois soldados entraram no ônibus. Seus olhos eram frios e começaram a verificar os passaportes dos que estavam na frente. Eu fiquei nervoso, mas meus companheiros aparentemente não deram importância. Procurei meu passaporte no bolso e não encontrei. Lembrei então que o havia guardado na mochila, que estava no compartimento de bagagem do ônibus. Eu disse isso para o homem idoso.

– Isso não é bom – disse, bastante preocupado. – Eles estão muito nervosos por aqui e suspeitam dos americanos, desde a chegada da ONU.

Fiquei assustado. Jamais pensei que deixar o passaporte no bagageiro fosse causar problemas. Mas acontece que era a minha primeira visita a uma zona de guerra. Chegou a minha vez. Um homem com olhos escuros e severos pediu meu passaporte em croata. Perguntei se ele falava inglês. Ele disse, "Não. Passaporte, por favor." O homem idoso levantou do banco e explicou a situação. A conversa durou mais do que esperava. O velho parecia estar defendendo meu caso e o soldado parecia zangado.

– Você tem de sair do ônibus com ele – disse o meu amigo. – Eles vão com você até o bagageiro para apanhar seu passaporte. Acho que não vai haver problema, mas ele está muito zangado. Vá e faça tudo que eles mandarem.

O soldado me fez sinal para sair do ônibus. Saí, escoltado por dois soldados. Assim que saímos, o primeiro me segurou e me obrigou a virar de frente para o ônibus. Ficou perto de mim enquanto o outro ia até o pequeno prédio ao lado da estrada. Não foi usada força excessiva, mas eu estava apavorado. O outro soldado saiu do prédio acompanhado por mais dois, um deles com um rifle automático. Os quatro ficaram ao lado do ônibus, discutindo a situação. Um deles parecia ser oficial. Os dois primeiros falaram com ele, enquanto o que estava armado esperava em silêncio.

– De onde você é? – o oficial perguntou. Seu inglês era cauteloso, mas claro.

– Sou americano – respondi, nervoso.

– Disseram que deixou o passaporte no compartimento de bagagem. Podemos dar uma olhada?

– É claro. Não tenho nada a esconder. Apenas cometi um erro.

O soldado recuou e me deixou virar de frente para eles. Nós cinco fomos até o bagageiro e o motorista abriu a porta de metal. Apontei para a minha mochila e um dos soldados a tirou do bagageiro.

– Pode abrir – disse o oficial.

Abri a bolsa externa e tirei o passaporte. Um dos soldados o apanhou.

– Se importaria de abrir o resto? – perguntou o oficial. A cortesia me surpreendeu.

Concordei. Os dois primeiros soldados cautelosamente tiraram minha roupa da mochila e examinaram o resto. O oficial tirou do bolso um maço de cigarros e me ofereceu. Eu recusei.

– Por favor desculpe a inconveniência, mas temos de ser cuidadosos. Muita coisa está sendo contrabandeada para este país e suspeitamos de qualquer incidente fora do comum. Por que veio à Croácia?

– Sou músico e fui convidado por uma organização de paz, em Rijeka, para dar vários concertos. Devo ir embora dentro de duas semanas.

Os soldados terminaram a revista e puseram tudo outra vez na mochila. O oficial disse que ia levar meu passaporte para verificação e me daria um visto. Ele e o soldado com o rifle voltaram

para o prédio. Os outros dois ficaram comigo. Pouco depois, o oficial voltou sozinho e me entregou o passaporte.
– Está tudo em ordem. Dei um visto de trinta dias. Espero que aproveite sua estada.
Eu agradeci e voltei ao ônibus. Minhas mãos tremiam. Quando sentei o homem ao meu lado riu.
– Quase igual a Chicago. A polícia croata não é de brincadeira. Mas se tomar cuidado, não terá problemas.
– Muito obrigado pelo aviso – respondi.
Foi quando me dei conta da realidade da minha situação. As coisas eram diferentes na Croácia e eu tinha de me ajustar. Não podia continuar a cometer erros idiotas.

Meia hora depois, estávamos chegando à periferia de Rijeka. À direita ficava o mar Adriático. Rijeka parecia moderna e bem conservada. Fiquei sabendo que é um importante porto marítimo, famoso por seus estaleiros. Antes da guerra, a área em volta de Rijeka era muito popular entre os turistas europeus. Opatija era um dos mais famosos pontos turísticos naquela parte da Europa. Os europeus deixaram de passar ali suas férias desde o começo da guerra, e a economia sofreu bastante. Rijeka, no entanto, ainda parecia uma cidade vibrante e organizada. Quando passamos pela rua principal que levava a Rijeka, vi casas e prédios modernos dos dois lados. Muita coisa tinha mudado com a guerra, porém o homem idoso disse que aqueles mesmos prédios, antes residências luxuosas de turistas ricos, eram agora usados temporariamente como abrigo de refugiados e pessoas sem teto. Mesmo assim, as pessoas que andavam nas ruas pareciam normais. O comunismo na antiga Iugoslávia fora bastante brando e liberal, comparado à política mais dura da União Soviética e da China. Os croatas eram bem-educados e, pelo menos antes da guerra, muito viajados.

Gordana devia me esperar na estação. Telefonei de Trieste informando sobre o ônibus que ia tomar. Ao telefone, me pareceu atenciosa e entusiasmada com a minha visita e gostei dela. Não sabia o que Gordana havia planejado para a minha chegada. Não tínhamos ainda falado sobre alojamento e os horários dos concertos, mas sabia intuitivamente que tudo estava em ordem. É claro

que eu devia descartar a idéia de impor como as coisas deviam ser feitas. Estava feliz com a aventura.
O ônibus parou no terminal. Tirei meu violão do compartimento em cima dos bancos. Era assim que iam me reconhecer, carregando a caixa do violão coberta de adesivos. Desci do ônibus e olhei em volta, procurando alguém que pudesse estar à minha espera.
– Trovador da Paz? – a voz soou atrás de mim. Virei e vi uma mulher atraente, que devia ter quarenta e poucos anos, com um sorriso que imediatamente me fez sentir bem-vindo.
– Sim, sou eu. Mas por favor, me chame de Jimmy.
– Ah, sim, Jimmy. Bem-vindo a Rijeka. Estamos tão felizes por ter vindo. Eu sou Gordana. Tem muita bagagem?
– Só uma mochila – Fui até onde o motorista estava tirando minha mochila do compartimento de bagagem. Quando voltei, Gordana estava com duas outras mulheres, uma delas com uma câmara.
– Jimmy, quero apresentar duas pessoas do Suncokret – Gordana disse – esta é minha querida amiga Snjezana e esta é Nela. Ambas são voluntárias.
Snjezana me abraçou.
– Estamos tão felizes por conhecê-lo, Trovador da Paz – ela disse. – Planejamos muita coisa para você aqui em Rijeka.
– Nela não fala inglês – Gordana disse quando Nela estendeu a mão. – Ela veio tirar fotos da sua chegada.
Foi uma surpresa para mim. Gordana e Snjezana ficaram ao meu lado e Nela tirou várias fotos. Senti-me como se fosse uma celebridade. Nela se afastou acenando uma despedida, Snjezana apanhou meu violão e nós três saímos do terminal. Tenho certeza de que Gordana teria carregado minha mochila se não estivesse nas minhas costas.
Chegamos ao que julguei ser o centro de Rijeka. Estávamos numa rua fechada, como uma pequena galeria. Caía uma leve chuva de granizo e o pavimento estava escorregadio. As senhoras perguntaram se eu estava com fome. Eu disse que sim. Sugeriram um restaurante próximo para descansar um pouco. Depois iríamos para o hotel, onde eu passaria minha primeira noite. Era tarde demais para ir direto ao lugar onde eu ia ficar.

Entramos num restaurante simples, mas agradável, que dava para a rua. Pedi uma refeição vegetariana e minhas novas amigas pediram refrigerantes. Disseram que já tinham jantado. Sentaram de frente para mim e pela primeira vez pude observá-las com atenção. Tinham mais ou menos a mesma idade, eram atraentes e amistosas. Gordana tinha um belo corpo, cabelo castanho comprido preso num coque. Snjezana usava óculos, tinha cabelo castanho curto, e um belo sorriso. O que me chamou a atenção foi o fato dela se parecer extremamente com minha avó, muito mais moça, é claro. Isso me fez sentir muito bem. Na verdade, já me sentia completamente em casa com elas. Talvez a minha ida à Croácia fosse determinada pelo destino. Minha intuição estava a mil e eu não sabia por quê.

Enquanto comia, Gordana e Snjezana me fizeram várias perguntas. Queriam saber tudo sobre a minha vida, minha música e sobre a América. Por minha vez, eu queria saber mais sobre a Croácia, mas as perguntas delas eram tantas que resolvi deixar para mais tarde. Depois de algum tempo, começamos a falar sobre espiritualidade. As duas eram extremamente espirituais, mas não religiosas. Quiseram saber no que eu acreditava. Eu disse que fui criado na religião católica, mas nos últimos anos tinha ampliado bastante minha visão. Expliquei que tinha sido estudante e mestre de um livro chamado *Um Curso em Milagres*, muito popular nos Estados Unidos mas, ao que eu sabia, desconhecido na Croácia. Nenhuma das duas o conhecia. Eu estava começando a me sentir cansado e disse que falaria sobre o livro no dia seguinte.

Saímos do restaurante e fomos para o hotel. O Continental Hotel era um dos melhores da cidade e antes da guerra era quase impossível conseguir um quarto. Mas não havia mais turistas. Gordana e Snjezana se encarregaram do registro e me levaram até o quarto. Depois de alguns minutos disseram que precisavam voltar para casa, para os filhos. Abracei as duas e elas saíram com os olhos cheios de lágrimas. Eu sabia o que estavam sentindo, embora não compreendesse naquele momento. Estava acontecendo alguma coisa mística, tinha certeza. Mas naquela noite sentia-me cansado demais para pensar nisso. Tomei banho e fui para a cama.

DOIS
O sonho

ORAÇÃO BUDISTA PELA PAZ

Que todos os seres atormentados
por sofrimentos de corpo e mente
sejam rapidamente libertos de
seus males.
Que todos os que temem, deixem de temer
e encontrem sua liberdade.
Que os fracos sintam força,
e que as pessoas possam ser amigas
umas das outras.
Que aqueles que estejam perdidos em
regiões de atemorizante selvageria –
crianças, velhos e desprotegidos –
sejam guardados por entidades celestiais,
e que possam atingir com presteza
a santidade de Buda.*

– SEMENTES DA PAZ

---

* May all beings everywhere plagued / with sufferings of body and mind/ quickly be freed from their illnesses./ May those frightened cease to be afraid,/ and may those bound be free./ May the powerless find power,/ and may people think of befrieding/ one another./ May those who find themselves in trackless,/ fearful wildernesses – / the children, the aged, the unprotected-/ be guarded by beneficent celestials,/ and may they swiftly attain Buddhahood.

Acordei repleto de uma energia estranha. O que havia me inspirado a ir à antiga Iugoslávia para apresentar o Concerto para a Paz? Agora, sentia-me pleno, como se estivesse prestes a desempenhar um papel para o qual tinha me preparado durante toda a vida. Ainda não compreendia meus sentimentos, além da satisfação por estar ali.

O Continental Hotel ficava a duas quadras do escritório do Suncokret. Eu tinha combinado me encontrar com Gordana às dez horas. Snjezana trabalhava numa escola primária ali perto e ia nos encontrar para o almoço. Tentei lembrar exatamente onde estava e me orientar para encontrar o escritório. Faltavam ainda alguns minutos para as dez e aproveitei para conhecer aquela parte da cidade. A atmosfera era quase igual à de muitas cidades da Europa que conhecia. Rijeka não era grande, pelos padrões americanos. Mas a atividade no centro comercial era intensa para uma cidade de tamanho médio. Aninhada entre o Adriático e montanhas verdes, não se via nela o menor sinal de guerra, mas era a grande preocupação de todos.

Os jovens não pareciam diferentes dos jovens americanos. Ouviam as mesmas músicas e usavam as mesmas roupas. Notei também que os cinemas passavam os mesmos filmes.

Depois de andar um pouco, encontrei o escritório, num prédio antigo, perto do centro da cidade, construído para apartamentos residenciais e não para escritórios. O Suncokret era o único escritório no prédio. Elas usavam o banheiro de uma jovem dançarina que morava no outro lado do corredor. Subi a escada velha e mal conservada até o terceiro andar e bati na porta. Ouvi a voz de Gordana e entrei. O escritório era pequeno, com espaço apenas para três mesas. Gordana estava sentada na do meio.

— Jimmy, meu amor, por favor, entre. — Eu a abracei. — Dormiu bem? — disse indicando uma cadeira na frente da mesa. O escritório tinha uma só janela, com um vaso de planta equilibrado no peitoril. As paredes eram cobertas de pôsteres e fotografias.
— O hotel é maravilhoso — comentei. — Dei um pequeno passeio para conhecer esta parte da cidade.
— Rijeka é uma cidade bela e amistosa. Já tomou café?

Como eu dissesse que não, ela sugeriu um café no térreo. O dia estava lindo e sentamos a uma mesa perto da calçada. Pedi um cappuccino. Era impossível encontrar café americano na Croácia. O café forte que eles serviam era delicioso, mas às vezes eu daria qualquer coisa por uma xícara de Starbucks baunilha.

— Por favor, conte-me tudo sobre a Suncokret — pedi. — Que tipo de trabalho vocês fazem?

— Suncokret é uma organização humanitária que trabalha com refugiados, especialmente da Bósnia. Temos vários programas, incluindo casa e comida. A maior parte das contribuições financeiras vem da Itália. Alugamos apartamentos, distribuímos alimentos e suprimentos e às vezes fazemos seminários. O estresse de deixar a terra natal e ser obrigado a viver em um novo país é muito difícil. Geralmente manifesta-se dos modos mais estranhos. Pais negligenciam os filhos, a própria saúde e o bem-estar. Nós ensinamos métodos de motivação que lhes dão nova esperança, justamente o que eles não têm.

— Por que estão interessados no meu concerto? — perguntei.

— Não tenho certeza — ela confessou. — Havia alguma coisa na sua carta. Fui à nossa diretora e disse que queria convidá-lo. A primeira coisa que ela disse foi que não tínhamos dinheiro e que não é o tipo de coisa que fazemos. Mas eu tinha certeza de que você devia vir, por isso insisti. Finalmente ela concordou. Ainda não sei ao certo por que, mas sei que é importante você estar aqui.

— É curioso, porque tive a mesma sensação. Muito antes de mandar aquela carta, senti que devia vir. Fiquei feliz quando recebi seu convite. E agora que estou aqui, a sensação é ainda mais intensa.

– Creio que certas coisas não são para nossa compreensão. Temos de esperar para ver.
Começamos a falar sobre a agenda. Vários espetáculos já estavam planejados em Rijeka. Eu devia aparecer na televisão nacional da Croácia no dia seguinte, como parte do noticiário do dia. No dia seguinte participaria de um festival em honra de Sta. Vida, a padroeira de Rijeka. Aparentemente era uma grande honra. Vários outros espetáculos e entrevistas estavam marcados em Rijeka e Zagreb, mas não tínhamos os detalhes ainda. Havia também um convite para me apresentar em Sarajevo, mas as coisas estavam muito violentas naquele momento e ninguém sabia se era possível entrar na cidade. Depois de uma hora, recostamos nas cadeiras e descansamos.

– Ontem mencionei o livro *Um Curso em Milagres* – disse eu. – Talvez este seja o momento para falar mais a respeito.

– Sim, é uma boa hora.

Fiz uma breve introdução. O *Curso* fora traduzido para várias línguas, mas não para o croata. Gordana ouvia, parecendo compreender tudo que eu dizia.

– Sabe – comentou –, parece com um livro que um amigo me deu. – Tirou da bolsa uma pilha de pastas. – Ele gostou tanto de um livro em inglês, que resolveu traduzir para o croata. Datilografou, tirou cópias e deu para várias pessoas. O livro tornou-se muito popular nesta área, embora inicialmente só houvesse cem cópias. Mas os que ganharam as primeiras cópias tiraram outras. Ninguém sabe de onde veio e ele não incluiu o título. Mesmo assim foi um sucesso.

Apanhei as seis pastas, cada uma com cerca de sete folhas datilografadas. Não era um trabalho profissional. Abri numa página ao acaso e perguntei o que queria dizer o título do capítulo.

– Quer dizer, "Não estou sujeito a nenhuma lei a não ser a de Deus".

Eu quase caí da cadeira. Era o *Curso em Milagres*! Gordana já era uma aluna e nem sabia. Ela disse que muitas pessoas estavam estudando o livro, algumas em grupos, como nos EUA. Contudo, ninguém parecia interessado em saber qual a sua origem ou título. Contentavam-se em ler e experimentar o que podiam. Gordana disse que um amigo perguntou o título do livro e ela respondeu sem pensar *Exercícios de Jesus*. Ficou feliz quando soube que eu conduzia seminários sobre o *Curso* e que durante algum tempo morei numa comunidade que o estudava e vivenciava. As peças começavam a se encaixar. Talvez eu não estivesse ali somente pelo Concerto para a Paz como pensei. Para mim a música sempre foi uma forma de ensinar, mas a não ser quando estava num grupo interessado no *Curso*, eu mantinha em segredo essa parte da minha vida.

Snjezana também era estudante do *Curso em Milagres*. Trabalhava como voluntária no Suncokret especialmente por causa da sua amizade com Gordana. Evidentemente suas vidas eram um reflexo daquilo em que acreditavam. Participavam de grupos de prece e meditação várias vezes por semana. Foi surpresa para mim saber que existiam muitos desses grupos e centros na Croácia, como nos EUA. Quando Snjezana nos encontrou para almoçar, ficou encantada com a nossa descoberta. A conexão que havíamos sentido era real. Mas eu sentia que elas tinham mais alguma coisa para me dizer. Era como se houvesse um segredo compartilhado por Gordana e Snjezana no qual eu não estava incluído, mas que tinha a ver comigo. Talvez fosse parte da história que estava começando. Mesmo achando que elas estavam escondendo alguma informação, no entanto, não suspeitei das minhas amigas. Não me senti inseguro, nem enganado. Ao contrário, estava certo de que era uma aventura maravilhosa escolhida por mim e da qual eu era um participante ativo.

Depois do almoço, Gordana e eu tomamos um ônibus para o segundo escritório do Suncokret, onde se incumbiam da maior parte dos serviços e Gordana me pediu para levar o violão. Achava que seria um belo presente para as mulheres e crianças que estavam num seminário. Fomos até um ponto de ônibus perto do escritório a uma quadra do mar Adriático. Parecia ser a rua principal que saía do centro da cidade. O ônibus estava cheio e fazia as curvas fechadas perigosamente. Como em muitas cidades européias, não é preciso mostrar um passe ou comprar a passagem no momento do embarque, mas todos devem ter uma coisa ou outra. Às vezes, um militar entra no ônibus e verifica. Quem não tiver nenhum dos dois é preso. Vi isso acontecer naquela primeira viagem. O jovem sabia que fora apanhado. Não houve muita discussão. O ônibus parou e ele desceu com dois soldados. Eu tinha o passe comprado por Gordana e não corria o perigo de ser preso no meu segundo dia na cidade. O segundo escritório ficava também numa área residencial de apartamentos. Descemos do ônibus e subimos vários lances de escada que levavam a uma subida íngreme. Quando andávamos na calçada que levava à porta da frente, vi um velho sentado na frente da casa, limpando peixe. Ele sorriu e cumprimentou com uma inclinação da cabeça, quando passamos. Mais adiante duas mulheres e um homem fumavam. Gordana conhecia todos. Sorri para eles e entrei com ela no prédio.

O escritório era maior do que o primeiro, mas mesmo assim, o espaço era exíguo. Quase todos estavam amontoados numa sala pouco maior do que uma sala de estar de tamanho médio. Quase todos estavam fumando, uma coisa com a qual nunca me acostumei. Aparentemente aquela parte da Europa não havia ainda abraçado o movimento tão popular entre os americanos. O ar estava carregado de fumaça e vozerio.

Umas oito crianças, sentadas em volta de uma mesa, trabalhavam num projeto. Cinco ou seis mulheres conversavam. Quando me viram ficaram em silêncio. Gordana me apresentou, em croata, como "Jimmy, Trovador da Paz, de Boston". As mulheres se adiantaram todas de uma vez com as mãos estendidas. Algumas me cumprimentaram em inglês, outras em croata. Estavam genuinamente felizes com a minha presença.

– Pode cumprimentar as crianças em inglês, se quiser – Gordana disse.

Voltei-me para a mesa.

– Vocês falam inglês? – perguntei.

Por um momento ficaram caladas. Então Gordana as animou.

– Falamos o inglês da escola – uma menina disse, finalmente.

– Quantos anos você tem? – perguntei.

– Nove.

– Sabe, eu tenho uma filha nos Estados Unidos, da sua idade. O nome dela é Angela. Como vocês se chamam?

As crianças disseram os nomes, uma de cada vez. Então perguntei o que estavam fazendo.
– Estamos fazendo camisetas para o festival de Sta. Vida, em Rijeka – uma delas contou.
– Isso é maravilhoso – disse, apertando a mão dela. – Todos vocês falam inglês muito bem, muito melhor do que eu falo croata. – Elas riram.
– Todas essas mulheres estão trabalhando para o Suncokret – Gordana explicou, apresentando-as.
Enquanto falava, uma jovem entrou na sala. Não parecia interessada em mim ou no que estava acontecendo e sentou à mesa com as crianças.
Perguntei para Gordana:
– Quem é ela?
– Ah, desculpe-me. É Nadina. Ela dirige a linha de crise para o Suncokret. Nadina – ela disse. – Este é Jimmy, da América.
Ela sorriu e inclinou levemente a cabeça. Não disse nada, mas percebi que falava inglês. Era uma mulher morena e interessante. O cabelo curto era crespo e usava batom escuro. Notei o olhar penetrante quando o fixou rapidamente em mim e desviou os olhos. Várias mulheres me rodeavam, fazendo perguntas. Depois de algum tempo, pedi licença para tomar água e fui até onde Nadina estava.
– Você trabalha com as crianças? – perguntei.
– Por que acha que falo inglês? – ela disse, em tom de desafio.
– Porque Gordana nos apresentou em inglês e você entendeu.
– Não é difícil entender as palavras "Nadina, este é Jimmy, da América". Mesmo que não falasse inglês, eu teria compreendido. Não, não trabalho com as crianças. Elas estão aqui por causa de um seminário para as mães. Eu dirijo a linha SOS para as pessoas com tendências suicidas.
– Compreendo que isso deve deixá-la muito tensa – observei, com um sorriso.
– Por que pensa que estou muito tensa? Talvez não goste de americanos atrevidos.
– Mas por que não gosta de americanos? Além disso, por que acha que sou atrevido?

Nadina abaixou a guarda.
— Desculpe. Na verdade, adoro americanos e queria ser americana. Estou zangada porque não posso sair deste maldito país e ir para qualquer outro lugar. Eu sou da Bósnia. Como essas crianças, sou uma refugiada. Ninguém quer refugiados. Somos muitos. Mandei meus papéis de imigração para os Estados Unidos, Canadá e Alemanha, mas todos disseram que já têm refugiados da Bósnia demais. Tenho vinte anos e não posso estudar, não posso conseguir um emprego de verdade, e também não posso sair daqui, porque se voltar para casa serei morta. Acha que isso é suficiente para deixar qualquer pessoa tensa?

Gostei de Nadina. Era sincera e ardente. Mas o que me atraiu foi sua vulnerabilidade. Era um aspecto da guerra nos Balcãs que ainda não conhecia. Embora Rijeka não estivesse no caminho dos tanques e das armas, os refugiados chegavam todos os dias. E embora fossem bem recebidos na Croácia, eram também ignorados. Recebiam alimento e abrigo, mas na maioria dos casos não tinham acesso às coisas que mais pregamos. Era muito difícil conseguir licença para trabalhar. Muitos croatas pareciam desprezar os bósnios, apenas porque a Croácia estava um pouco melhor do que a Bósnia. Mas refugiados não tinham muita escolha. Obrigados a abandonar suas casas, não podiam escolher o lugar para onde os levavam. Para uns poucos é uma passagem para uma nova vida num país que não está prestes a explodir numa guerra étnica. Mas para a maioria, significa viver em campos de refugiados, sem nenhuma esperança de vida normal.

Nadina, de certo modo, tinha sorte por não precisar viver num campo de refugiados. O Suncokret tinha arranjado um apartamento pequeno onde ela morava com a mãe, Neda, e o irmão Ned. Os três trabalhavam para o Suncokret. Ela se encarregava dos casos de desespero. Sua mãe era uma espécie de supervisora do escritório e o irmão aparecia quando precisavam dele. Evidentemente a situação de outras pessoas do escritório era igual. Quantas eram da Bósnia e quantas da Croácia, eu não sabia. Só sabia que Gordana e Snjezana eram croatas. Sempre moraram em Rijeka, nenhuma delas estava casada no momento e cada uma tinha um filho, Gordana um menino e Snjezana, uma filha.

Gordana perguntou se eu gostaria de cantar alguma coisa para o grupo. Ao que parecia, estavam esperando há muito tempo. Tirei meu violão da caixa e sentei numa cadeira. Cantei a oração de São Francisco, com meu arranjo. A sala ficou silenciosa. Quando terminei ergui os olhos para Nadina. Estava com o rosto virado para o lado e tive certeza de que chorava.

– Foi uma beleza – uma mulher disse. – Deve cantar para nós todos os dias.

Fiquei mais uma hora no escritório. Era bom saber mais sobre as vidas delas. Por isso eu estava ali. Para me envolver pessoalmente com o povo. Já era tarde e Gordana achou que estava na hora de irmos para o meu novo lar – um dormitório no andar superior de um jardim-de-infância, em Kostrena, uma cidadezinha na periferia de Rijeka. Uma das mulheres nos ofereceu uma carona. Quando estávamos saindo, olhei para Nadina. Ela acenou com um breve sorriso. Naquele momento tive certeza de que íamos ser grandes amigos.

O jardim-de-infância ficava a uma quadra do Adriático. Alguém nos esperava na escola e nos conduziu ao andar de cima. Eram cinco salas, com cinco camas cada uma. Era usado como alojamento para acampamentos de verão e estava vazio. Como podia escolher, procurei o que tinha melhor vista. Tinha também uma varanda que dava para o mar. Os galhos de uma cerejeira carregada de frutos pendiam sobre a varanda. Um ótimo café da manhã, pensei. Deixei o violão e a mochila sobre a cama e desci com Gordana até o carro.

– Este foi meu primeiro dia inteiro na Croácia – disse. – Mas sinto como se estivesse aqui há um ano.

– Você foi enviado para nós, Jimmy. Não sei bem como, mas sei que foi. Tenho a sensação de que estamos começando uma grande aventura.

– Sinto a mesma coisa, Gordana, mas sinto também que você sabe mais do que está me dizendo. Está acontecendo alguma coisa que eu ainda não percebi?

Gordana ficou nervosa, como se não pudesse me dizer o que queria.

– Tudo que posso dizer é isto. Sua presença aqui não é aci-

dental. Ninguém mais pode fazer o que você deve fazer aqui. Além disso, só sei que cada um de nós vai saber quando chegar a hora.
Para mim aquelas palavras pareceram sinistras e assustadoras.
– Não compreendo – respondi. – Parece que me trouxeram para cá para mais do que fazer música. Mas não podiam saber coisa alguma a meu respeito. Não sabiam que conduzo seminários, nem que há alguns anos escrevi um livro.
– Que tipo de livro escreveu?
– Um romance espiritual chamado *Segredos do amor incondicional*. Eu mesmo o publiquei, por isso nunca foi best-seller ou coisa assim.
Gordana sorriu e me abraçou carinhosamente.
– Eu nem sei o que dizer. Mas acredito que muito em breve nós todos saberemos o que fazer. Quando recebi sua carta, tive a sensação mais estranha, como se já o conhecesse. Não sabia o que significava, só senti que era importante. Tenho certeza de que nós todos ficaremos surpresos com o que vai acontecer, mas por enquanto devemos ser pacientes.
A paciência nunca foi uma das minhas forças. Aquele mistério me deixou intrigado. Eu queria saber tudo, mas tinha certeza de que ela estava contando tudo que sabia.
Gordana se despediu e entrou no carro da amiga.
– Vá ao escritório amanhã de manhã – disse da janela. – Snjezana não vai trabalhar e nós três podemos passar o dia todo juntos. A entrevista na televisão é às quatro e meia. *Ciao, Bok.*
Mais tarde vim a saber que essas duas palavras significavam, "Até logo, Deus", uma despedida comum naquela parte da Croácia. Olhando para trás agora, parecem apropriadas em vista do que aconteceu depois.
Naquela noite fui cedo para a cama. Minha mente estava agitada com os eventos dos últimos dois dias. Desde que chegara a Rijeka, sentia uma energia poderosa. A princípio não podia determinar o que era, só que me sentia energizado e um pouco desorientado. Essa sensação aumentou no segundo dia, especialmente depois de todas as revelações e conexões. Além disso, havia o fato de que para mim não fazia sentido estar num país em

guerra. Guardei as minhas coisas, depois deitei no beliche de baixo, do tamanho de um adolescente.

Naquela noite tive um sonho estranho. Estava correndo sozinho numa floresta, perdido e correndo para salvar a vida. Ouvia passos atrás de mim, como se alguém ou alguma coisa estivesse me perseguindo. Quase não podia respirar. Os passos pareciam se aproximar. Tudo que eu via era a floresta densa. Não sabia para onde fugir.

De repente tive uma forte sensação, como se fosse uma voz orientando-me a ficar completamente imóvel. A princípio tive medo, mas a sensação era tão intensa que obedeci. Parei e prendi a respiração. Os passos se aproximavam. Percebi que havia mais de uma pessoa me perseguindo. Então eu as vi. Cinco soldados armados com rifles saíram do meio dos arbustos e passaram por mim correndo. Um deles quase pisou no meu pé. Mas nenhum me viu e eles continuaram pela floresta até desaparecerem.

Desmoronei cheio de medo e caí no chão, sem poder me mexer. Estavam à minha procura? Nada daquilo fazia sentido. Então ouvi uma leve pulsação, como se a minha cabeça estivesse apoiada no peito de alguém. As batidas do coração ficaram mais fortes e me perguntei de onde viriam. Olhei em volta, sentindo que tudo estava ficando embaçado. Mas não era isso – alguma coisa muito grande estava se materializando bem na minha frente, tornando-se cada vez mais clara, até eu poder distinguir o contorno de uma pequena casa com telhado em cúpula. Levou um minuto para se materializar por completo. Levantei-me e dei uma volta na casa. Não havia mais ninguém ali.

Examinei a estrutura. A base era apoiada em doze paredes. Em cima das paredes estava a cúpula, feita de centenas de pedaços de madeira. Cada uma com doze lados. Vi uma porta num dos lados, me aproximei e toquei nela levemente. A porta se abriu.

De dentro veio um cheiro maravilhoso, terra e incenso. No topo da parte interna da cúpula um cristal imenso apontava diretamente para cima, circundado por doze lanternas. Quando meus olhos se ajustaram à mudança da luz, vi uma escada, no centro, que levava para baixo, para a terra. Fora isso, a sala estava vazia. Fui até a escada e parei para escutar. Não ouvi nada. Mais lanternas iluminavam o caminho e desci a escada. Era um caminho estreito. Eu podia sentir o frio da terra nas paredes quase úmidas. Imaginei onde a escada me levaria. Logo ela terminou numa porta feita com um pedaço de lona.

Empurrei a lona para o lado, mas não entrei. Vi uma sala enorme, com uma luz cintilante – mas não vi nenhuma lanterna ou outra fonte de luz. Era difícil calcular o tamanho da sala, mas devia ter pelo menos trinta metros de diâmetro. Como tudo naquele lugar, a sala tinha doze lados, com uma espécie de diagrama no chão, que começava no centro e se estendia como os raios de uma roda. Naturalmente, eram doze raios. No centro, estava um homem sentado, aparentemente meditando. Então ele abriu os olhos como se de repente tivesse notado a minha presença.

– Por favor, entre – disse com voz profunda e forte que ecoou por toda a sala.

Passei pela porta e caminhei para o centro. O homem me observava, sorrindo. Era um homem de meia-idade, ou talvez mais velho, com cabelo escuro, longo e espesso. Quando ele falou percebi que era americano. Apesar de toda aquela força, a voz dele me acalmou. Passei pela linha no chão, que parecia circundar os doze raios. Os raios não eram linhas, mas centenas de pequenos símbolos que pareciam muito antigos. Passei vagarosamente por uma das doze partes até chegar a quase cinco metros do homem.

– Sente no chão – ele ordenou. – Não precisa se preocupar, este lugar é muito limpo. Você sabe por que foi trazido para cá?

– Não sei onde estou, muito menos porque estou aqui – respondi.

– Está aqui para aprender tudo sobre a paz – disse ele. – Não o tipo de paz que o mundo compreende, mas uma experiência de paz sem opressão. É a Paz que não pode ser encontrada no mundo, mas pode ser expressa aqui, através da Luz Divina, numa extensão da energia que é o fundamento da vida. Quando aprender isso, você vai ensinar. Por isso foi chamado. Porque o mundo precisa compreender, finalmente, como criar o Reino da Paz, um mundo baseado no amor e não no medo.

– Mas por que estou aqui? Quero dizer, isto é só um sonho, eu sei, mas sinto-me como se não estivesse dormindo. Você disse

que fui trazido para cá. O que significa isso? Estou aqui porque quero. Pedi para vir à Croácia e à Bósnia. Ninguém me obrigou a fazer coisa alguma. Além disso, é apenas um sonho, não é? Provavelmente vou esquecer de tudo quando acordar.
– Talvez – ele disse calmamente. – Mas quer você esqueça ou não, está aqui pela razão que está aqui, não pela razão que imagina. Tudo acontecerá como deve acontecer. Tente relaxar e seja paciente. Tudo está em ordem.
– Que lugar é este? – perguntei.
– Este lugar existe, sob uma forma ou outra, há milhares de anos. É o lugar dos Emissários da Luz. A roda na qual está sentado é muito importante porque é aqui que é feita a escolha, para a humanidade, do que a humanidade não é ainda capaz de fazer. É a escolha da Paz. Dessa roda é que a energia da Luz Divina, ou a Paz, se estende através do tempo e do espaço. Até agora, a consciência do planeta não foi capaz de manter esse campo de energia. Por isso este lugar tem existido secretamente nas regiões do mundo onde a energia é mais densa – as áreas onde há maior violência e discórdia. Agora a consciência de massa está pronta para o estágio seguinte da evolução. Este lugar físico não mais será necessário para estender a Luz Divina porque pequenos grupos e indivíduos têm força suficiente para fazer isso sem ajuda.

"É por isso que você está aqui, para experimentar a Luz Divina e aprender a estendê-la exatamente como fazem os Emissários. Então, vai ensinar o que aprendeu. O mundo está ávido por esse conhecimento. Esses segredos já foram revelados a certos indivíduos que os expressaram de vários modos. Sua missão será um pouco diferente, no sentido de que vai falar ao mundo sobre nós, os Emissários da Luz. É importante que as pessoas compreendam a escolha que fizemos para elas, para começarem a escolher por si mesmas. Tudo que você precisar lhe será dado. Foi trazido aqui porque é capaz de fazer a mudança, porque já é livre bastante para não cair nas armadilhas que vai encontrar."

– Que espécie de armadilhas?
– Logo saberá. Isto é o bastante, por ora. Você lembrará de tudo e quando chegar a hora será trazido para cá outra vez. Enquanto isso, lembre-se de ser paciente.

Foi a última coisa de que me lembro. Hesitei em chamar aquilo de sonho, porque parecia tão real. De manhã, acordei descansado e com a mente clara. Perguntei a mim mesmo se ia contar às minhas amigas.

O ônibus para o centro de Rijeka parava na frente do jardim-de-infância. Quando desci, de manhã, a escola já estava cheia de crianças. Eu não tinha certeza se as professoras sabiam da minha presença, porque pareceram surpresas quando me viram. Eu disse olá e saí. A escola ficava na estrada principal que margeava o mar Adriático. Resolvi andar um pouco até o mar, antes de tomar o ônibus. Passei por belas casas e pequenos hotéis. Desci a colina e em cinco minutos estava na praia. Uma calçada de cimento acompanhava a praia, aparentemente começando perto do centro de Rijeka e continuando por vários quilômetros, por uma área evidentemente destinada a turistas. Passei por vários pequenos restaurantes e cafés, todos com pátios, mesas na calçada e guarda-sóis coloridos. A maior parte estava vazia, outro sinal da queda do movimento de turistas. Era fácil compreender porque a área era tão popular. A água era clara e morna, rochas e montanhas erguiam-se do mar como monumentos majestosos. Aqui e ali vi mulheres tomando sol, sozinhas, ou um pescador solitário sentado numa rocha com a linha mergulhada preguiçosamente na água. Ninguém mais.

Voltei para a estrada principal e esperei o ônibus. Em pouco tempo, estava no centro da cidade e quando desci do ônibus vi Snjezana à minha espera, com um cesto numa das mãos e uma garrafa térmica na outra.

— Você e eu vamos fazer um piquenique de café da manhã — ela disse. — Tenho café, leite, pão e queijo. Se você quiser mais alguma coisa podemos passar no mercado.

— Ótimo, que grande surpresa. Onde vai ser o piquenique?

— No parque. Fica aqui perto. Gordana precisa ir a uma reunião e nos encontraremos à tarde. Até lá, você é todo meu.

Havia algo maravilhoso em Snjezana. Desde o primeiro momento, me senti muito próximo dela. Eu adorava seu ar quase infantil e mais alguma coisa que não sabia definir, mas era força e segurança. Ao contrário de Gordana, ela era completamente segura. Também não era tímida para expressar seus sentimentos. Contudo, eu sentia em Snjezana uma sabedoria infinita. No futuro próximo iria depender muito dela.

Chegamos a um pequeno parque, perto do centro da cidade, ao lado de um rio que corria para o Adriático. Pequenos barcos amarrados em estacas ondulavam ao longo da praia. De um lado do rio ficava uma estrada movimentada, no outro, o parque. Sentamos na grama e arrumamos nosso piquenique. O dia estava quente e ensolarado. Havia jovens por toda a parte, em pequenos grupos, rindo e ouvindo música americana e britânica e desisti de contar quantos usavam bonés e camisetas do Chicago Bulls.

– Jimmy, nós queremos que faça uma palestra a respeito do *Curso em Milagres* – disse Snjezana, assim que estávamos prontos para começar a comer. – Muita gente em Rijeka está interessada. Muitos já leram o livro mas acharam difícil compreender. Podemos conseguir uma sala grande no centro e anunciar. Calculo que umas vinte ou trinta pessoas vão comparecer.

– O que eles não compreendem? – perguntei.

– Eu não sei se é a tradução, mas é muito difícil. Eu adorei o livro, mas também preciso de ajuda. Talvez seja por isso que você está aqui, para nos ensinar.

Resolvemos que a palestra seria à noite, dentro de duas semanas. Eu ainda estava certo de que voltaria à Itália depois desse tempo, mas a idéia de dar uma palestra sobre o *Curso* era tentadora. Snjezana disse que ia tentar conseguir a sala com a diretora da escola onde trabalhava. Se não fosse possível, o Suncokret tinha um apartamento grande vazio no centro da cidade.

– Snjezana, esta noite tive um sonho muito estranho. – Resolvi descobrir exatamente quanto ela e Gordana sabiam sobre o que estava acontecendo comigo. Contei o sonho com todos os detalhes que consegui lembrar. Ela ouviu com atenção. Quando terminei, ficou calada por algum tempo, apenas sorrindo para mim.

– O que você acha que significa? – ela perguntou, finalmente.

– Não tenho a menor idéia. Estava pensando que talvez você pudesse me dizer.

Mais uma vez ela ficou calada. Então, tocou na minha mão.
– Jimmy, muita coisa que eu não compreendo está acontecendo na Croácia. Uma guerra terrível nos assola há quatro anos. Muita gente está morrendo e há ódio por toda a parte. É um tempo de trevas para o país e para o mundo. Talvez por isso você teve esse sonho, porque quer ajudar a trazer a paz.
– Esse é o motivo óbvio da minha vinda. Fazer um concerto para a paz. Mas agora outra coisa está acontecendo. Eu sinto. Estou tendo sonhos estranhos e sinto também que você e Gordana sabem mais do que estão me dizendo. Por favor, Snjezana, se tem idéia do que é, diga-me.
– Eu sei muito pouco. Tudo que sei é que você foi trazido para cá, talvez não pelo motivo que pensa. Sei que parece coincidência você estar aqui, mas foi tudo predeterminado.
– Por quem?
– É isso que não compreendo. Alguém que você vai conhecer mais tarde disse para Gordana que devia convidá-lo. O nome dele é Duro. Gordana mostrou a ele sua carta e ele disse que você é aquele que deveria vir à Croácia para "Iniciar a Luz", ou coisa parecida. Disse que era muito importante que você viesse à Croácia. Gordana e eu não compreendemos, mas confiamos em Duro. É um homem bom e sábio. Faz parte de uma comunidade em algum lugar das montanhas, que se dedica a curar, como no seu sonho. Mas ele não nos disse mais nada, apenas para garantirmos a sua vinda. No momento certo, ele virá a você.
– Então, em outras palavras, fui enganado quanto ao motivo da minha vinda.
– Não – ela riu. – Tenho certeza de que fará muitos concertos e estou muito entusiasmada com isso também. O resto acontecerá quando chegar a hora. Então nós todos vamos compreender.
– O que você sabe sobre a comunidade nas montanhas? – perguntei.
– Nada. Ele nunca a mencionou para mim, só para Gordana. É muito secreta. Ninguém mais sabe que existe, nem onde fica. Gordana me disse que a meditação que eles fazem tem como objetivo trazer a paz ao mundo. É tudo que sei.
A revelação me abalou. Fui trazido para cá? Quem é Duro

e por que ele achou que eu devia estar na zona de guerra? De repente tive medo. Mil perguntas passavam por minha mente. Teria caído no meio de um grupo de psicopatas, num país que não conhecia? O que teriam planejado para mim? Por um momento, pensei em tomar o primeiro trem para Roma e voltar para casa. A não ser por minhas premonições, não estava preparado para aquilo, especialmente se significava o cativeiro num país estranho e violento.

– Jimmy, não deve ser preocupar com isso agora. Seu coração sabe que você está a salvo. Sabe que Gordana e eu não deixaremos que nada de mal lhe aconteça. Por enquanto deve confiar em nós, embora não tenhamos muita certeza sobre tudo isso. Sei que alguma coisa maravilhosa está para acontecer e nada mais. O resto acontecerá quando chegar a hora certa.

Naquela tarde fui entrevistado para o noticiário da televisão. Todos pareciam genuinamente interessados no motivo da minha visita à Croácia e na minha música. *Minha música.* Por isso eu estava ali, não para ser carregado para uma terra espiritual da fantasia. Eu confiava em Snjezana e em Gordana, mas mesmo assim estava preocupado. Estava fazendo, porém, exatamente o que pretendia fazer. Tinha vários concertos marcados e conhecia gente maravilhosa. Independente do que me esperava, estava realizando meus objetivos. Sentia-me impotente para deter os planos feitos para mim, fossem eles quais fossem.

TRÊS
Como são as coisas

ORAÇÃO ZOROASTRIANA PELA PAZ

Oramos para que Deus suprima toda
a miséria do mundo;
que o entendimento supere
a ignorância,
que a generosidade triunfe sobre a
indiferença,
que a confiança seja maior que o desprezo,
e a verdade triunfe sobre a falsidade.*

– SEMENTES DA PAZ

---

* *We pray to God to eradicate all the/ misery in the world:/ that understanding triumph/ over ignorance,/ that generosity triumph over indifference,/ that trust triumph over contempt, and/ that truth triumph over falsehood.*

Ser um estranho numa terra estranha estava sendo maravilhoso para mim. Quando cheguei, ninguém me conhecia, mas depois da entrevista na televisão sentia-me um pouco como uma celebridade. As pessoas me notavam na rua. Mais de uma vez fui abordado por pessoas que pareciam me congratular por minhas apresentações, mas nunca tive certeza. Sorriam e fingiam que estavam tocando violão. Sem a ajuda do inglês era difícil saber o que estavam dizendo.

No dia seguinte, me encontrei com Gordana no escritório principal do Suncokret, onde havia tocado dois dias antes. A atividade era menor, mas logo fiquei sabendo que na Croácia os métodos de trabalho são diferentes dos dos EUA. O escritório estava quase sempre cheio de fumaça, com mais gente do que cabia e o equipamento era escasso. Mas, claro, não estávamos nos EUA. Na Croácia era diferente, especialmente desde o começo da guerra. No meio de toda aquela confusão, era evidente que as pessoas estavam resolvidas a criar impacto. Refugiados que precisavam de suprimentos básicos esperavam na fila, dia após dia. Alguns precisavam de alimento para os filhos. Outros precisavam pagar o aluguel. Era também evidente que não tinham meios para atender a todos. Muitos eram ajudados, mas outros enviados para as agências mais apropriadas para suas necessidades.

Estávamos planejando duas apresentações em Zagreb, a capital da Croácia. Fui convidado para tocar e cantar e ser entrevistado num programa popular da televisão, bem como apresentar o Concerto para a Paz na igreja católica local. Pediram a Nadina para me ajudar com os preparativos. Ela resistiu, mas na minha opinião tratava-se mais do traço de sua personalidade do

que uma demonstração de rejeição. Na verdade, eu sabia que Nadina gostava de mim, apesar dos seus constantes ataques à "minha atitude tipicamente americana". Encantava-me seu ardor, mesmo quando era à minha custa. Depois de algumas horas, perguntei se gostaria de tomar um café, no outro lado da rua.
 – Por que você quer ir para a América? – perguntei.
 – Não se trata tanto de querer ir para a América quanto de sair daqui – respondeu. – Eu gostaria de voltar para meu país e para minha casa, mas é impossível. Queria ter outra vez a minha vida de antes da guerra. Eu estava no colégio, tinha muitos amigos e podia ir a qualquer lugar da Europa. Era simples tomar um trem e passar uma semana na Itália. Agora somos tratados como criminosos. Não podemos conseguir um visto para nenhum lugar porque temem que jamais voltemos para casa. As coisas eram melhores com os comunistas do que agora.
 "Um dia estava pronta para sair para o colégio e bateram na porta. Um soldado sérvio me disse que tínhamos vinte e quatro horas para sair de casa e da cidade. Quem desobedecesse seria fuzilado. Se eles desconfiam de algum problema ou de idéias nacionalistas, a pessoa desaparece imediatamente. Nunca pensei que coisas como essas podiam acontecer no meu país. Minha mãe, meu irmão e eu tivemos de arrumar às pressas alguma coisa em sacos de plástico para lixo e sair. Não tínhamos para onde ir – não tínhamos automóvel, nada. Todos os muçulmanos saíram em uma longa fila, sem saber para onde estavam indo.
 "Pegamos carona, viajamos de caminhão e a pé até chegar à Croácia, depois a Zagreb. Minha mãe estava resolvida a não ir para um campo de refugiados. São lugares horríveis e tristes. Ninguém tem esperança. Mas um refugiado quase não pode fazer nada num país estranho, mesmo quando esse país foi parte da nossa pátria até poucos anos atrás. Ficamos com uns amigos, então minha mãe conseguiu um emprego – informal, mas que pagava em dinheiro e não exigia documentos. Ela chegou a pagar a escola para mim e para meu irmão. Meu irmão foi para a escola de comércio e eu terminei meu curso de enfermagem. Parecia que finalmente tudo estava bem. Eu gostava muito de Zagreb. Tinha amigos e saía para dançar quase todas as noites. Então

minha mãe resolveu vir para Rijeka. Eu nem sei por quê. Eu não tinha escolha senão vir também, embora deteste Rijeka. Não há nada para fazer e nenhum lugar para ir.
"Se eu pudesse ir para a América, iria para a universidade e faria alguma coisa da minha vida. Aqui, tudo acabou para mim. Mesmo que a guerra acabasse amanhã nada mais seria como era antes. Há muito ódio e muita mágoa. Um amigo meu foi para a Carolina do Sul onde tem parentes. Mas é muito difícil entrar em outro país, especialmente na América. Parece que nunca vou sair daqui e nunca vou fazer nada."
Imaginei se podia fazer alguma coisa para ajudá-la. Sua história me comoveu profundamente. Pela primeira vez me dei conta dos privilégios de ser cidadão americano. Em qualquer lugar, é só mostrar o passaporte com as palavras *Estados Unidos da América*, que as portas se abrem. Era difícil compreender como aquele pequeno documento me fazia tão diferente de Nadina. Ela não podia ir a lugar algum. Era de um país em guerra, um país com milhares de refugiados, como ela mesma, pessoas que antes levavam vida normal e segura. De um momento para o outro, não eram mais desejados nas suas cidades, por causa da religião nacional do seu país.

– Talvez eu possa ajudá-la a entrar nos Estados Unidos – disse.

– Não diga isso. Estou farta de ouvir dizer que podem fazer isto ou aquilo e depois não fazem nada.

– Não sei o que posso fazer, nem sei se posso fazer alguma coisa, mas estou disposto a tentar. Por que não vamos à embaixada em Zagreb? Podemos perguntar o que precisamos fazer.

– Mas você não pode ir entrando na embaixada para fazer essas perguntas – ela comentou. – Não sabe como são as coisas. A tarefa deles é manter pessoas como eu fora dos Estados Unidos e eles fazem isso muito bem. Vão saber por que quero ir, por que não quero ficar aqui. E vão dizer não. Tenho de provar que tenho uma boa razão para voltar para cá, como filhos, propriedades ou algum negócio.

– Podemos pensar em alguma coisa – prometi ingenuamente. – Tenho certeza de que se descobrirmos o que eles querem

e inventarmos as circunstâncias adequadas teremos uma chance tão boa quanto qualquer outra pessoa.
– Que é bem pequena. Os bósnios raramente recebem visto, sejam quais forem as circunstâncias.
– Mas podemos tentar. Diremos que você veio para Zagreb comigo. Podemos dizer no Suncokret que preciso de você como intérprete ou coisa assim. Você nunca saberá o que vai acontecer, se não tentar do melhor modo possível.
– Isso é tão americano – ela disse, com um sorriso. – Você é como John Wayne. Tudo bem, vou perguntar e ver se posso ir. Pelo menos será um pretexto para ir a Zagreb. Mostro a cidade para você e podemos nos divertir um pouco. Agora, quero perguntar uma coisa. Que tal morar num jardim-de-infância? Se quiser pode ficar com a minha família no centro da cidade. Meu irmão tem uma cama extra no quarto. Eu gostaria de ver você mais vezes e minha mãe já o convidou.

Fiquei encantado com o convite. Embora fosse agradável morar a uma quadra do Adriático, era um pouco isolado. Pagamos o café e Nadina foi comigo apanhar minha bagagem.

Uma semana depois, Nadina e eu nos preparávamos para a viagem a Zagreb. Três voluntários franceses estavam passando por Rijeka, a caminho de Zagreb com suprimentos para o campo de refugiados. Tinham lugar na van e nos ofereceram uma carona. Marcamos encontro no Suncokret e arranjamos as caixas de papel higiênico e de sardinhas, abrindo espaço para nós dois. Zagreb fica a três horas e meia de Rijeka, por isso nos sentamos no meio dos suprimentos e nos preparamos para uma viagem longa e desconfortável. Só um dos voluntários falava um pouco de inglês. Nenhum falava croata. Nadina e eu ficamos em paz.
– Diga-me como é Zagreb – pedi.
– É uma cidade maravilhosa, muito antiga e com muita história, mas também muito moderna. Vocês, americanos pensam que países como a Croácia são muito diferentes. Você está achando tudo muito diferente? Sabemos sobre a América porque vemos muitos filmes. Mas vocês não sabem nada sobre nosso país.
– Deixe-me dizer uma coisa sobre esses filmes – disse, na de-

fensiva. – A maioria das pessoas que tenho encontrado têm duas imagens da América. A primeira é como *Boyz N the Hood*, com crime e drogas em cada canto. A segunda é como *Beverly Hills 90210*. Vocês pensam que todo mundo é rico ou viciado em *crack*. Nada disso chega perto da vida do americano comum. Por isso, espero que você vá aos Estados Unidos para ver pessoalmente.
– E a imagem que você tem da Croácia e da Bósnia é por acaso real? – Sua reação explicava por que esse povo é tão emotivo. – Vocês pensam que estamos muito atrasados em tudo. Sua televisão mostra camponeses e velhos. Não é um quadro real. Somos um país muito culto. Nossa cultura é muito mais rica e mais antiga do que a sua e, antes da independência, a Iugoslávia tinha um dos exércitos mais fortes do mundo. Não imagina o quanto somos semelhantes aos vaidosos americanos.

Nadina estava certa. Antes de conhecer a Croácia, as únicas imagens que eu tinha eram as que eu via no noticiário das seis. Não conhecia a riqueza e a inteligência da sua cultura. Eu começava a me sentir atraído por Nadina. Ela era estranha e misteriosa. Imaginei se devia dizer isso ou deixar que ela o sentisse. Ficaríamos juntos muitos dias, por isso resolvi esperar.

O Suncokret tinha reservado lugar para nós numa hospedaria na periferia da cidade. Era uma hospedaria para viajantes voluntários de várias organizações em toda a Croácia. Uma espécie de estação para os que estavam de passagem. Depois de rodar uma hora por Zagreb, finalmente chegamos. Começava a me acostumar a não saber exatamente para onde estava indo ou o que estava acontecendo. Embora muitas pessoas falassem inglês, a comunicação ainda era difícil. Eles tentavam se explicar, mas eu raramente entendia.

A hospedaria era dirigida por quatro pessoas, incluindo um americano. O primeiro americano que encontrei desde a minha chegada, a não ser, é claro, o homem do meu sonho. Fomos conduzidos ao terceiro andar, onde ficavam os dormitórios. Não havia nenhuma privacidade. Era uma sala grande, com uns vinte colchões, onde dormiam homens e mulheres. Nadina e eu escolhemos dois colchões próximos. Nossos três amigos franceses não gostaram. Eram mais velhos e não esperavam acomodações tão simples e abertas. Acho que esperavam um hotel. Nadina fez algumas observações cáusticas, censurando os franceses. Na verdade, ficou irritada com a reação deles. Disse que aquilo era muito comum. As pessoas que iam à Croácia para ajudar eram expostas aos desconfortos que o povo suportava todos os dias e depois reclamavam. Muita gente na Bósnia não tinha casa, quanto mais camas.

Naquela noite conhecemos um jovem inglês que tentava encontrar um meio de entrar em Sarajevo. Nós três resolvemos tomar uma cerveja num bar próximo. Tinham oferecido a ele um emprego para ensinar inglês, pressupondo, é claro, que conseguisse chegar lá. Aparentemente esse era o problema. Havia dois caminhos para Sarajevo, um por ar e outro por túnel. Com os sérvios da Bósnia controlando as montanhas em volta da cidade, a viagem por ar era perigosa. A única outra opção era caminhar vários quilômetros debaixo das montanhas, por um caminho que mal dava para ficar de pé. Assim era que alimentos e suprimentos eram contrabandeados há anos. Os sérvios tinham uma fortaleza em Sarajevo e era quase impossível entrar ou sair da cidade.

Ficamos várias horas sentados à mesa na calçada, na frente do bar. Alguns outros hóspedes juntaram-se a nós e logo éramos um grupo. A conversa era ora em inglês, ora em croata. Ao que parecia, eu era o único que não falava croata, portanto sempre que passavam para o inglês era em meu benefício. Aquelas pessoas não eram diferentes dos meus amigos na América. A música era a mesma, a cerveja e, naturalmente, as risadas.

Entrei para apanhar um drinque para Nadina. Numa mesa ao lado do bar várias jovens croatas, embriagadas, faziam uma cena. Uma delas segurou meu braço e disse alguma coisa que não entendi.

– Desculpe, mas não falo croata.
Os olhos dela brilharam.
– Você é americano? – perguntou.
– Sou.
– Oh, por favor, venha sentar-se conosco. Nós todas estamos procurando um americano para casar e nos levar daqui – disse, rindo. – Pode escolher – puxou uma banqueta e praticamente me obrigou a sentar.

– Por que está na Croácia? – uma delas perguntou.
– Sou músico. Estou aqui para um concerto para a paz.
– Ah, um concerto para a paz. É exatamente o que precisamos. Qual é o seu nome?
– Meu nome é Jimmy.
Enquanto as outras diziam seus nomes, a primeira que falou comigo pôs minha mão na sua perna. Todas eram atraentes, mas eu não estava interessado numa aventura, não importa qual a fantasia que pretendiam realizar com isso. Nesse momento, Nadina entrou no bar. Olhei para ela pedindo socorro. Ela foi até o bar, disse alguma coisa em croata para as moças, segurou minha mão e me levou para fora. Não sei o que ela disse, mas as mulheres ficaram bastante surpresas.
– O que pensa que está fazendo? – perguntou. – Com certeza percebeu como todas adorariam pôr as garras em você. Não há mais muitos americanos por aqui. A maior parte das mulheres da Croácia adorariam casar com você e ir para os Estados Unidos.
– Então por que não caso com você? Nosso problema estaria resolvido.
– Obrigada, mas não, obrigada – ela disse, rindo. – Quero ir para os Estados Unidos, mas não para fazer um casamento de mentira.
– Só achei que devíamos examinar todas as possibilidades.
– Quando eu casar vai ser por amor, só por amor. Tantas mulheres na Croácia casariam só para sair daqui. Para mim, o casamento significa muito mais do que isso.
– Nunca se sabe – eu disse. – Às vezes acontecem coisas que não esperamos. Talvez você deva manter todas as opções.
Ela sorriu, desconfiada.
– O que está querendo dizer?
– Nada em particular. Só penso que devem manter a mente aberta. Uma coisa aprendi desde que cheguei aqui. É preciso estar preparado para qualquer coisa que aconteça.
– Vou me lembrar disso – Nadina disse. – Amanhã, vamos à embaixada para ver o que eles dizem. Mas não estou otimista como você.
Depois de outra cerveja, fomos para a hospedaria. Os franceses estavam dormindo. Nadina e eu deitamos lado a lado.

– Você sabe alguma coisa sobre uma comunidade espiritual secreta na Croácia que faz um trabalho de cura? – perguntei. – Chama-se Emissários da Luz ou coisa assim.
– Não. Por quê?
– Não tenho certeza. Tive um sonho estranho com eles e depois Snjezana disse alguma coisa a respeito. Sinto que alguma coisa incrível vai acontecer.
– Quer dizer que teve um sonho e acha que vai se tornar realidade?
– Mais do que isso. Têm havido outras coincidências incríveis desde que cheguei aqui. Acho que Gordana e Snjezana sabem mais do que estão me dizendo. E tenho uma forte sensação a respeito de tudo isso.
– Tudo bem, não acredito nessas coisas, mas se algo acontecer quero estar com você. Preciso de alguma distração.

Prometi que a levaria e adormecemos.

No dia seguinte tomamos um ônibus para o centro de Zagreb. Eu devia aparecer na televisão às sete horas da noite, por isso Nadina resolveu passar o dia me mostrando a cidade. Zagreb é uma bela cidade, exatamente como Nadina disse. Tem uma praça aberta enorme bem no centro, de onde partem quase todas as ruas. A cidade foi bombardeada duas vezes, um mês antes da minha chegada. Aparentemente o exército croata retomou a cidade, que estava nas mãos dos sérvios da Bósnia, e, em retaliação, os sérvios bombardearam Zagreb. Eram bombas que explodiam no ar e deixavam cair pequenos explosivos com minúsculos páraquedas. As pequenas bombas caem ao acaso e explodem no impacto com a força de granadas. Nadina mostrou um parque, perto da praça, onde uma bomba explodiu matando duas pessoas.

Eu devia estar na embaixada americana à uma hora. De manhã telefonei e disse que estava organizando um concerto para a paz em Zagreb, no ano seguinte. Se eles soubessem que eu precisava que Nadina fosse comigo aos Estados Unidos para organizar o concerto, talvez dessem o visto. Paramos num café perto da embaixada americana para planejar o que eu ia dizer. Resolvemos que devia ir sozinho. Talvez estivessem mais dispostos a falar com um cidadão americano. Enquanto esperávamos, Nadina chamou a minha atenção para vários homens de terno, sentados nos bancos do parque, fumando, ou nos pontos de ônibus. Disse que eram guardas de segurança disfarçados, atentos a qualquer pessoa suspeita em volta da embaixada. A tensão era grande e todos estavam nervosos. Quando cheguei na porta da embaixada, um guarda perguntou o que eu queria. Eu disse que tinha hora marcada com a seção de vistos. Pediu-me para esperar e entrou no prédio. Logo depois reapareceu e me convidou a entrar. Parei na frente do guarda com detector de metais. Então o primeiro guarda me pediu que tirasse tudo dos bolsos e deixasse numa bandeja e me deram um comprovante que eu assinei. Uma porta automática abriu e entrei no escritório principal.

    Era a primeira vez que entrava numa embaixada. O escritório era simples, com algumas mesas e uma parede de vidro à prova de balas, com pequenas aberturas, atrás da qual estavam vários funcionários. Eu esperei. Eu tinha hora marcada com a vice-diretora do Departamento de Vistos. Ela apareceu, sentou no outro lado do vidro e apresentou-se.

    Fiz o possível para parecer profissional.

    – Quero informação sobre o procedimento para levar uma cidadã da Bósnia aos Estados Unidos para ajudar na organização de um evento importante aqui em Zagreb, na próxima primavera.

    – Para começar, senhor Twyman, é muito complicado conceder visto para um cidadão da Bósnia. Os Estados Unidos já encerraram sua cota de refugiados e esse número só pode ser alterado em circunstâncias muito especiais.

    Ela parecia uma pessoa simpática, por isso tentei uma nova abordagem – meu charme.

    – Sim, eu sei. Por isso vim falar com a senhora porque parece o tipo de pessoa capaz de compreender minha situação. Quando voltar para os Estados Unidos, vou precisar de alguém para me comunicar com os membros do comitê daqui. Acho também muito importante ter comigo uma pessoa que conhece bem a situação na Croácia. Na realidade, não creio que seja possível organizar o evento, sem alguém da Bósnia.

    Achei que era um bom argumento. Parecia que ela estava disposta a ajudar, porém, quanto mais ela explicava o procedi-

mento, mais pessimista eu ficava. Quando tínhamos quase terminado, ela se inclinou para a frente e disse, em voz mais baixa.
– Senhor Twyman, quanto tempo pretende ficar na Croácia?
– Provavelmente não mais de uma semana e meia.
Ela parecia preocupada e tive a impressão de que queria me dizer alguma coisa.
– Vou pedir a um guarda para conduzi-lo ao meu escritório. Preciso falar com o senhor em particular.
O guarda me conduziu por um corredor. Parou, abriu uma porta e me mandou entrar.
– Por favor, sente-se – a mulher disse, sentada à sua mesa, no escritório pequeno mas agradável. Sentei na cadeira na sua frente. Atrás dela, na parede, estava um retrato grande de Bill Clinton e um diploma da Faculdade de Direito de Harvard.
– Senhor Twyman, não é segredo que as instituições estão mudando nesta parte do mundo. Tenho a impressão de que o senhor não se deu conta do perigo da situação. Eu o chamei ao meu escritório porque não quero que comente o que vou dizer. Há algum tempo a Croácia vem reunindo seu exército para uma grande ofensiva contra os sérvios da Bósnia para retomar a área conquistada por eles há quatro anos. Acreditamos que essa ofensiva começará a qualquer momento. É difícil prever as conseqüências, mas o senhor devia considerar a conveniência de sair do país antes disso. Não estou tentando assustá-lo, mas estamos pedindo a todos os cidadãos americanos para ficar em alerta. São tempos muito perigosos e todo cuidado é pouco.
– Acho que não compreendi. Está dizendo que corro perigo?
– Como eu disse, senhor Twyman, não sabemos o que vai acontecer. O preconceito se fortalece quando as coisas explodem. Nos últimos quatro anos, o exército da Croácia vem se preparando para uma grande batalha. Até agora, os sérvios têm tomado tudo que eles querem, mas não se pode prever o que acontecerá quando começar a contra-ofensiva. Se os croatas não conseguirem derrotar os sérvios, as coisas ficarão muito perigosas por aqui. Por favor, siga meu conselho o mais depressa possível.
Agradeci e voltei para Nadina.

Dois dias depois eu devia me apresentar num campo de refugiados, na periferia de Zagreb. Uma organização chamada Liga Croata da Paz havia organizado todas as minhas apresentações em Zagreb. Nadina resolveu passar o dia com amigos e a diretora da liga, Naneda, me levou ao local do concerto. Naneda era uma mulher interessante e sincera com grande habilidade para organizar eventos com perfeição. O concerto na igreja foi um sucesso e o programa na televisão me reservava uma surpresa. Disseram que seria uma entrevista e que eu seria um dos convidados. Mas acontece que eu era o único convidado e fui entrevistado durante uma hora e meia. O entrevistador tinha estudado nos Estados Unidos e seu inglês era perfeito. Ele perguntava e eu respondia. Quando terminei, ele fez um breve sumário das minhas respostas, em croata. Eu continuei olhando para o monitor à nossa frente. Sempre que a câmara se desviava de mim, eu enxugava o suor do rosto. Uma hora e meia debaixo daquelas lâmpadas me deixou desidratado.

 Encontrei Naneda no escritório e fomos no carro dela ao campo de refugiados na periferia de Zagreb. Fora construído há quatro anos quando os refugiados muçulmanos e croatas começaram a chegar à cidade. Quando paramos na frente, estranhei a cerca alta de arame e os abrigos tipo alojamento militar. Parecia mais um campo de concentração do que a residência temporária para as vítimas da guerra. Senti um aperto no peito e o peso da desesperança no ar, antes mesmo de transpor os portões.

 Apanhei meu violão no banco traseiro e entrei no campo. Dois homens encostados na cerca me observaram, desconfiados. À esquerda deles estavam os alojamentos longos e brancos e à direita um pátio grande cheio de gente, a maioria de meia-idade ou mais velha. Estavam sentadas na grama, em pequenos grupos. Algumas mulheres giravam uma espécie de roda ligada a um pedaço de madeira. Perguntei a Naneda o que estavam fazendo. Ela disse que aquelas mulheres passavam o dia inteiro moendo café para o resto do campo. Outras faziam tricô ou costuravam. Todos os olhos nos acompanharam quando passamos. Eu estava nervoso e perguntei para onde estávamos indo.

 – Há um centro comunitário na outra extremidade do campo

– respondeu. – O concerto vai ser lá. Há um aviso na porta anunciando o concerto. É difícil prever quantos virão. Muitas vezes planejamos eventos, mas poucos se interessam. Quando você vive num ambiente desses o tempo todo, sem esperança de sair ou de sua vida mudar, você fica desencorajado. Mesmo quando alguma coisa está acontecendo, é fácil sentar no pátio e não participar. Além disso, as crianças geralmente estão sozinhas. É outra coisa muito comum neste ambiente. As mulheres não podem cuidar delas mesmas ou da família. Apenas sentam e moem café.

Chegamos ao fim do terreno, a um prédio de alumínio, grande e malfeito, o centro comunitário. Tentamos entrar, mas a porta estava trancada. Naneda me pediu para esperar enquanto ela ia encontrar alguém para abrir. Encostei o violão na parede e sentei num banco. O chão estava coberto de lixo. Algumas paredes estavam pichadas, como nos bairros pobres de muitas cidades americanas.

Alguns meninos brincavam no outro lado da rua estreita e quando viram o violão se aproximaram. Falaram em croata e tive a impressão que queriam o violão. Sorri e disse que o violão tinha de ficar dentro da caixa. Logo depois outras crianças apareceram, depois mais outras e num instante eram umas cem, saltando para o meu colo, tentando apanhar o violão e puxando a minha perna. Tentei me comunicar do melhor modo possível, mas não compreendiam.

– Eles querem tocar seu violão – disse um garoto louro de uns dez anos.

– Pode explicar que não posso ainda tirar o violão da caixa? – gritei para ser ouvido no meio da gritaria das crianças.

– Não adianta, não vão me ouvir. Meu nome é Vladimir – estendeu a mão para mim.

– Eu sou Jimmy. Muito prazer. Há quanto tempo está aqui, Vladimir?

– Quatro anos. Sou da Bósnia. De onde você é?

– Boston e Chicago. Depende de para quem você perguntar.

– Por que está aqui?

– Vou fazer um concerto no centro comunitário – disse, feliz por ter com quem falar.

– Não vai poder dar seu concerto. As crianças nunca vão ficar quietas – segurou uma garotinha, loura também. – Esta é a minha irmã. Pode chamar de Sara porque não pode dizer seu nome verdadeiro.
Estendi o braço e toquei no rosto dela. A menina segurou minha mão. Sara era muito bonita. O cabelo louro chegava abaixo dos ombros em cachos, e me fez lembrar de Shirley Temple. Recostei no banco e a sentei no meu colo.
– De onde você é? – perguntei, olhando para Vladimir, esperando a resposta.
– Somos todos da Bósnia – disse. – Aprendi a falar inglês na escola e com a minha mãe.
Naneda chegou com uma mulher que abriu a porta de alumínio. As crianças entraram correndo e gritando. O barulho era insuportável e ecoava nas paredes e no teto de alumínio. A mulher tentou em vão acalmar as crianças. Olhei para Vladimir, que estava num canto sorrindo para mim. Ele estava certo, eu não poderia dar o concerto. Nenhum adulto apareceu. Não sei se por causa do barulho ou porque não estavam interessados. Durante todo o tempo, Sara ficou ao meu lado, segurando minha mão.
Finalmente Naneda disse.
– Sinto muito por isto. Talvez seja melhor irmos embora.
Guardei meu violão e saí do prédio. As crianças nos seguiram, amontoadas tão perto de mim que eu mal podia andar. Sara me ajudou a afastar algumas. Com uma das mãos segurando a minha, com a outra empurrava as crianças que chegavam muito perto. Quando chegamos ao portão só havia Sara e Vladimir.
– Viu? – Vladimir perguntou. – Eu disse que não ia poder dar o concerto. Essas crianças são loucas.
Peguei Sara no colo.
– O que me diz de levar vocês para a América comigo?
– Não, tenho certeza de que as coisas vão melhorar por aqui. Algum dia vamos voltar para casa.
Pus Sara no chão e me despedi. Naneda e eu entramos no carro e voltamos para Zagreb. Não trocamos uma palavra durante toda a viagem.

QUATRO
O guia

ORAÇÃO JAINISTA PELA PAZ

A Paz e o Amor Universal são a essência
do Evangelho pregado por todos
os Seres Iluminados.
O Senhor pregou a igualdade
no Darma.
Perdôo a todas as criaturas,
e que todas as criaturas me perdoem.
A todos tenha amizade, e a ninguém inimizade.
Saiba que a violência nada mais é que o nó da relação.
"Não prejudique nenhum ser vivo."
Este é o caminho eterno, permanente e inalterado
da vida espiritual.
Uma arma pode ser poderosa,
mas sempre poderá ser superada por outra;
nenhuma arma, porém, será
superior à não-violência e ao amor.*

— SEMENTES DA PAZ

---

* *Peace and Universal Love is the essence/ of the Gospel preached by all the / Enlightened Ones. /The Lord has preached that equanimity/ is the Dharma./ Forgive do I creatures all,/ and let all creatures forgive me. Unto all have I amity, and unto none enmity./ Know that violence is the root cause of / all miseries in the world. / Violence, in fact, is the knot of bondage./ "Do not injure any living being."/ This is the eternal, perennial, and unalterable/ way of spiritual life./ A weapon, howsoever powerful it may be,/ can always be superseded by a superior one;/ but no weapon can, however,/ be superior to nonviolence and love.*

Minha excursão à Croácia estava quase terminando. Aprendi muita coisa sobre a guerra e as pessoas envolvidas. Uma parte de mim estava aflita para partir. Havia tantas vítimas indefesas e desesperadas daquele drama. Dia após dia encontrava pessoas esperando, não sei bem o quê. Algumas esperavam voltar para casa. Outras esperavam vingança. Eu estava esperando para dar o meu curso, depois voltar para a Itália.

Retornei a Rijeka e comecei a me preparar para a aula. Tinha dado várias palestras nos Estados Unidos mas nunca ensinei num país cuja língua não fosse o inglês. Snjezana e Gordana iriam se revezar como intérpretes. Eu devia falar cerca de vinte segundos e depois parar. Se falasse mais do que isso elas achavam que podiam esquecer o que eu tinha dito. A maioria das pessoas falava inglês, mas preferimos montar esse esquema, em consideração às poucas que não falavam.

O curso estava marcado para sábado, de uma às cinco. Ia ser dado num apartamento da Suncokret no centro da cidade. Gordana enviou convites para todos os grupos de meditação do bairro, enquanto Snjezana distribuiu panfletos. Também me convidaram para falar em mais dois ou três cursos de meditação. A julgar pela reação tudo indicava que teríamos um grande grupo para a oficina.

Estava hospedado no apartamento de Nadina há duas semanas. Morar com uma família de refugiados foi uma experiência muito valiosa. Todas as manhãs Nadina e Neda iam para a Suncokret, enquanto Ned e eu íamos para o playground jogar basquete. Todos os dias, dez a vinte homens se reuniam para jogar, e um grupo ainda maior se formava na quadra adjacente para jogar futebol. Alguns eram muito bons. Eu me sentia inábil e despreparado como em qualquer quadra. Mas adorava jogar, e eles ficavam muito animados de enfrentar um americano, por pior que fosse. Toda noite assistíamos a filmes de vídeo e cozinhávamos. Rapidamente entendi a natureza generosa dos bósnios. Quando nos hospedamos na casa deles, passamos a fazer parte da família. Recusar qualquer hospitalidade é o maior insulto. Se pedem para você ficar, não pode sair até terminar o que tem de ser feito. Num dado momento achei que já estava impondo minha presença tempo demais, uma atitude típica dos americanos, para quem "hóspedes são como peixes". Quando Nadina soube que eu estava pensando em mudar para um apartamento vazio no Adriático, ficou magoada. Mal falou comigo por dois dias. Finalmente contou o que a incomodava. Disse que era óbvio que não estava gostando de ficar com a sua família, senão não ia querer partir. Expliquei que não tinha nada a ver com não gostar da família dela, e sim não querer me impor a eles.

– Pode ser assim com você – ela disse. – Mas quando um bósnio oferece alguma coisa, é do fundo do coração. Nós não fazemos convites como esse à toa.

Ela explicou que deixar a casa era rejeitar não só o convite, mas a família. O convite de Nadina para eu ficar em seu apartamento era uma honra maior do que pensara. Educadamente recusei o outro apartamento e fiquei lá.

Nadina resolveu não fazer o curso. Apesar de se interessar pela espiritualidade, achava que não estava pronta. Snjezana e ela tinham ficado muito amigas, uma influência muito positiva para Nadina. Fiquei com pena de ela não fazer o curso. Sentia muita atração por ela, especialmente desde a nossa viagem para Zagreb. Ficava espantado de estar cultivando relacionamentos tão íntimos na Croácia. Minhas três amigas, Nadina, Snjezana e Gordana já eram parte importante da minha vida.

Gordana limpou e arrumou a sala para a palestra. Passei a manhã de sábado sozinho, orando e organizando minhas idéias. Quando cheguei ao apartamento a sala estava lotada. Havia quase trinta pessoas. Algumas já conheciam o curso, outras não, mas estavam interessadas de qualquer jeito. Incenso queimando impregnava a sala de perfume de sândalo. As velas estavam nos lugares apropriados, dando ao espaço um brilho e uma radiância místicos. Fiquei parado na porta, só olhando. Das trinta pessoas, só uma era homem. Estava acostumado com grupos predominantemente femininos, mas na Croácia a espiritualidade e a meditação eram questões femininas, impróprias para homens rudes e machões. Depois de alguns minutos todos viraram e me viram.

– E esse é o nosso querido irmão Jimmy – apresentou Gordana.

Fiquei emocionado com o carinho e a espontaneidade que todos demonstraram. Sentei numa almofada, de frente para eles.

– Obrigado a todos, por terem me convidado para fazer essa palestra. Nem sei explicar como estou animado, não só por encontrar tanto amor e paz aqui, mas também por ver tanta gente interessada no *Curso em Milagres*. O curso serve para vocês terem uma experiência completa da verdade que há dentro de vocês. Ensina o caminho do perdão, ou, em outras palavras, a ver o que é real. O objetivo é usar a prática do perdão para sentir o que sempre foi verdade: que vocês ainda são como Deus os criou. Conforme explica o curso, se continuarem como Deus criou, então o pecado, a culpa, a doença e a morte não serão reais, e sim ilusões que inventam em suas mentes para fugir da verdade. O perdão nos ajuda a ver o que é real, além dessas ilusões. Quando entendemos isso poderemos viver uma experiência de amor que o mundo não compreende. É uma felicidade que existe por ela mesma, além do tempo e do espaço, nos confins sem fronteiras da eternidade. Esse é o nosso lar – a felicidade pura. O *Curso em Milagres* não é nada mais do que uma ferramenta para mostrar que nunca saímos desse lar.

Enquanto eu falava um homem alto, de cabelo preto, entrou na sala e sentou lá no fundo. Seus olhos eram negros e penetrantes e pareciam ver através de mim. Passei a concentrar minha energia e atenção nele. Quando meus olhos percorriam a sala sempre voltavam para ele. Ele projetava uma energia tranquila e agradável que me deixava à vontade. Seu sorriso era caloroso e verdadeiro.

Depois de pouco mais de uma hora falando resolvi fazer um

intervalo. Todos começaram a sair da sala e Gordana segurou minha mão.
— Foi maravilhoso, meu querido. Agora quero muito que você conheça um amigo meu.
O homem de cabelo preto levantou-se para me cumprimentar. Senti que podia mergulhar nos olhos dele, tão profundos eram.
— Meu nome é Duro — se apresentou. — Estou muito feliz em conhecê-lo, Jimmy.
— Esse é o homem de quem você falou — disse para Snjezana. E, voltando para Duro novamente: — Também fico feliz de poder conhecê-lo, finalmente. Você tem sido o maior mistério nessa minha visita à Croácia. Ouvi muito falar de você, embora não saiba nada a seu respeito.
— Teremos tempo de sobra para nos conhecermos — respondeu, num tom que não saberia explicar. — Você é um mestre maravilhoso. Demonstra entender profundamente tudo que diz.
— Obrigado — respondi. — Você vai ficar por aqui depois da aula?
— Duro, Snjezana e eu vamos levá-lo para jantar — disse Gordana. — Teremos muito tempo para conversar então.
— Maravilhoso.
Nesse momento uma mulher entrou na roda ao lado de Snjezana.
— Jimmy, estou aproveitando tanto a sua aula... — declarou.
Eu sorri para Duro, dando a entender que gostaria de passar mais tempo com ele. Então virei para conversar com a mulher.
A aula terminou logo depois das cinco. Todos foram embora e Gordana, Snjezana, Duro e eu fechamos o apartamento e escolhemos um restaurante. Havia um simpático café ao ar livre bem em frente, do outro lado da rua. Depois que sentamos e pedimos café, Gordana começou a falar.
— Jimmy, é hora de explicar algumas coisas. Por favor, não pense que Snjezana e eu estamos tentando enganá-lo, porque, como já dissemos, sabemos muito pouco. Quando recebi a sua carta de apresentação tive uma sensação muito estranha. Havia algo nas coisas que você dizia que me afetava. Levei a carta para

Duro. Ele é meu mestre. Sabia que ele saberia se o que eu estava sentindo era importante. Sem hesitar ele disse que você precisava vir para cá. Perguntei por que, mas ele não quis dizer. Ele só afirmava que você precisava vir para a Croácia. Foi por isso que o convidei. E isso é tudo que eu sei.

Olhei para Duro.

– Por que era importante que eu viesse, Duro?

Ele olhou para mim e sorriu.

– Vou começar do começo – respondeu. – Em toda a história da humanidade, os homens sempre estiveram em conflito. Esse conflito se revela em todos os relacionamentos, inclusive entre grandes grupos de pessoas. Quando esse sentimento conflitante aumenta, os países entram em guerra. A luta mata milhares, milhões. Como você disse em sua aula, o conflito no mundo é o resultado do conflito que há em nós. Projetamos esse sentimento no mundo porque não estamos preparados para aceitar que nós somos a causa, e portanto a solução desse conflito. Dessa forma as guerras acontecem no mundo desde o início dos tempos, porque não estamos preparados para enfrentar o conflito onde ele realmente está. Dentro de nós.

"Por milhares de anos vem existindo uma sociedade secreta, cuja responsabilidade era dar à humanidade a chance de amadurecer. Essa sociedade sempre surge perto do lugar no mundo onde o conflito é maior, no país ou região que mais sofre com o ódio, a ganância e a guerra. Isso acontece porque o poder do trabalho deles é mais forte quando desfaz o conflito a partir do centro, ou do lugar onde é mais denso. Por isso essas pessoas vivem silenciosas, invisíveis, sem serem notadas, no centro do desespero, no meio do conflito. O trabalho delas não é visto pelo mundo. É um trabalho espiritual e sua função é espalhar a magnificência da Luz Divina. Dessa forma inspiram a paz, dão esperança e instilam o desejo de perdoar. As guerras acabam e as pessoas e os países aprendem com seus erros. A cada vez, a humanidade chega um pouco mais perto da aceitação da verdade da criação, de que a paz e o conflito existem dentro das pessoas, e que é só dentro delas que podem ser resolvidos, sentidos e vividos. Essa comunidade, chamada de Emissários da Luz, continuará a existir nas regiões de conflitos extremos, até que isso aconteça. Depois não será mais necessária.

"Esse dia logo chegará. Quando o mundo parecer se afastar mais da paz estará mais próximo dela. Se você olhar para o mundo verá que temos agora mais poder, mais armamentos e mais ódio do que nunca. Mas, ao mesmo tempo, há mais compreensão, mais esperança e mais desejo de paz do que antes. Essas duas experiências, aparentemente opostas, indicam que a humanidade está cada vez mais perto do momento determinado em que ultrapassará esse sistema individualista e belicoso e chegará a um mundo de paz, cooperação e harmonia. Isso foi sinalizado pelas mudanças globais observadas nos últimos anos. Também foi profetizado por todas as culturas e religiões antigas. É esse o tempo ao qual todas se referiam. Mas nenhuma tinha conhecimento do trabalho e da missão dos Emissários. Porque era essencial que a presença e a influência deles continuasse secreta. A função deles é permanecerem ocultos, trabalhando pela humanidade e armando o palco silenciosamente para o dia em que essa tarefa não mais será necessária. Isso vai acontecer quando a humanidade amadurecer e aceitar a responsabilidade por tudo que cria.

– Você disse que esses Emissários da Luz estão por aí há milhares de anos – perguntei. – Como conseguiram se esconder, e como prosseguem quando uma geração morre?

– Como permaneceram escondidos é impossível dizer – disse Duro. – Os Emissários possuem uma compreensão divina que o resto de nós desconhece. Eles têm a capacidade de estar, ou não estar, onde quiserem. Quanto à continuidade depois que morrem, quando cada Emissário termina sua obra, ele é liberado. Isso não quer dizer que morrem, mas que se modificam de alguma forma. Pode chamar isso de ascensão. Quando isso acontece eles têm de ser substituídos, porque é necessário que se mantenha um número determinado. Alguém, então, é chamado para ser Emissário. Não sei bem como isso acontece. Os escolhidos simplesmente se vêem lá, sem explicação. Talvez sintam uma necessidade incontrolável de visitar uma parte do mundo na qual nunca estiveram, talvez um lugar envolvido numa guerra terrível. Ninguém compreende por que eles vão, mas eles sabem. Quando chegam são levados para a comunidade, que fica sempre escondida em alguma região remota. E então percebem que aquele é o lugar que estavam procurando. Então assumem seus lugares em torno da roda.

Isso me deixou muito nervoso. Ele acabava de descrever o que tinha acontecido comigo. Eu senti um desejo misterioso de ir para a Bósnia e a Croácia, contrariando os conselhos de todos que eu conhecia. Achavam que eu era louco, mas eu tinha de ir. Seria possível que o que ele estava dizendo era verdade, e que eu tinha sido "escolhido"? Essa idéia me apavorou. Senti vontade de levantar, andar até o ponto de ônibus e ir embora.

Gordana e Snjezana estavam imóveis e não disseram uma palavra. Era óbvio que também era a primeira vez que ouviam aquela história. Pensei no sonho que tive quase duas semanas antes. Parecia coerente com o que Duro dizia. Lembrei da roda e do homem pelo qual senti uma enorme atração. E lembrei do que ele disse para mim sobre a paz e o mundo. Haveria uma conexão entre os dois? Contei meu sonho para Duro. Ele ouviu atentamente e pensou um pouco.

– Isso é muito interessante – disse finalmente. – Você já sabe mais do que eu imaginava. Muitas coisas que descreveu do sonho estão certas. Vou contar mais sobre eu mesmo e talvez você compreenda.

"Sou médico. Alguns anos atrás, antes da guerra, estava viajando de carona numa parte remota da Croácia, à procura de ervas medicinais e plantas que uso no meu trabalho. Estava sozinho. Num momento da minha viagem fiquei muito tonto. Senti que ia desmaiar. Devo ter desmaiado mesmo, porque quando despertei estava deitado numa pequena cabana. Só havia uma velha senhora comigo, sentada numa cadeira, num canto. Ela olhava para mim mas não dizia nada. Sentei e olhei em volta. Não havia mobília, só o tapete no qual acordei e a cadeira. Espiei pela janela e vi algumas pequenas cabanas mais ou menos do tamanho da minha. Saí pela porta. Parecia que não havia mais ninguém por lá. Do outro lado das cabanas à minha frente havia uma construção grande e redonda. Comecei a andar naquela direção. Quando me

aproximei vi que não era redonda, que tinha doze lados. Então vi um jovem sair de uma pequena porta de madeira. Ele me viu e acenou para eu acompanhá-lo
"Quando entrei minha cabeça ficou leve, uma sensação quase igual à que tive quando estava viajando. A enorme sala era muito clara, só que não tinha janelas. Meus olhos tiveram de se acostumar com a claridade. Depois consegui olhar em volta e ver tudo. A casa era muito grande e tinha um desenho no chão, exatamente como o que você descreveu que viu em seu sonho. Em volta do círculo, nos doze pontos indicados pelo desenho, havia doze pessoas sentadas. Bem no centro, um homem, também sentado. Havia um brilho de luz em cima deles, como nuvem de fumaça. Também vi que de um lado havia cinco homens jovens de pé, mais ou menos da mesma idade que o rapaz que entrou comigo. Mais tarde fiquei sabendo que esses homens eram assistentes. A tarefa deles era atender às necessidades das doze pessoas em volta da roda, seis homens e seis mulheres.

"Depois de alguns segundos o jovem levou-me para fora outra vez. Essa foi a primeira vez que estive com os Emissários da Luz. Como os outros, fui chamado, mas não para fazer parte da roda. Meu papel é mais distante, de ligação. Volto para lá quando sou chamado. Eu sou o elo entre aqui e lá. Para que eles possam fazer seu trabalho preciso cuidar de certas coisas no mundo. E foi assim que encontrei você. Você não foi chamado para ser um Emissário. Como eu, você foi escolhido para uma função muito especial. Desde o princípio sempre existiu alguém como eu agindo entre a roda e o mundo. Nunca houve ninguém como você. Sua função é diferente de tudo que já houve antes. A razão disso é o que estávamos conversando antes, as mudanças que estão ocorrendo no mundo. Até agora o trabalho dos Emissários foi sempre um segredo. Agora deve se tornar público. Todos devem conhecer essa obra, saber que estão prontos para entrar numa experiência global de paz e harmonia. Seu papel é aprender a prática e a espiritualidade dos Emissários, depois torná-la acessível para qualquer pessoa no mundo."

Eu continuava assustado. Parte de mim queria rir alto. Outra parte compreendeu o que ele disse.

– Ainda que tudo que diz seja verdade, por que eu? O que há de tão especial em mim para merecer tal missão?
– Nada – ele disse. – Não há nada especial em você. Talvez seja por isso. Não é questão de ser especial, mas de ter o que é preciso para executar a tarefa. Não tenho idéia de por que escolheram você, só sei que escolheram. Nenhum de nós sabe por que nos pedem para fazer certas coisas. Tem relação com os nossos dons. Você é um grande mestre. Talvez seja isso. Também soube que é escritor. Isso também pode ajudar. No fim das contas, os motivos estão fora do nosso alcance, mas são escolhas que nós mesmos fizemos. Você está aqui porque resolveu vir. Nada vai acontecer sem seu consentimento ou permissão. Vai descobrir por que foi escolhido, a partir de amanhã.
– O que quer dizer? – perguntei.
– Amanhã vou levá-lo até os Emissários, e Gordana e Snjezana vão também. Vocês estão todos envolvidos nisso. Todos terão um papel a desempenhar.
– Espere um minuto – disse eu. – Vou sair da Croácia daqui a dois dias. Tenho concertos marcados na Itália.
– Por que não leva seu violão? – disse Snjezana. – Os Emissários podem gostar de ouvir um concerto.
– Esperem aí – falei, irritado com aquelas suposições. – Não estou duvidando disso nem nada, mas essa história toda é meio incrível. Vocês querem que eu esqueça meus planos e me mande para Deus sabe onde, no meio de uma zona de guerra, para encontrar alguma comunidade mítica que nem estou certo se existe. Não é que não confie em vocês, mas tinha de ser louco para até pensar numa coisa dessas.

Gordana inclinou-se para frente e pegou a minha mão.

– Jimmy, você sabe que nunca faríamos nada para machucá-lo. Eu confio em Duro. No que ele diz eu acredito. Concordo que parece fantástico, mas veja tudo que aconteceu com você até agora. Tudo caminhando nessa direção. Tenho certeza de que se olhar para dentro de você verá que é real e que precisa fazer isso.

Ela estava certa. Eu sentia mesmo. Por mais assustado que estivesse sabia que tudo que Duro tinha dito era verdade. Estavam me pedindo para abandonar cada gota de bom senso que sobrava em mim e partir para as montanhas da Croácia à procura de uma construção com doze lados e treze pessoas sentadas em volta de uma roda, salvando o mundo. Tive de bloquear a voz que dizia para eu não ir. Tinha chegado até aquele ponto e não ia recuar logo agora.

– Vamos partir de manhã – disse Duro. – Leve apenas roupas, nada mais. É muito importante deixar para trás qualquer aparelho eletrônico ou câmeras fotográficas. Vamos no meu carro até onde der, depois a pé o resto do caminho. Se tivermos sorte, chegaremos à noite.

– Tem mais uma coisa – falei.

– O que é, Jimmy? – quis saber Gordana.

– Nadina tem de ir conosco.

– Ninguém mais pode ir – disse Duro.

– Então eu não vou. Fiz uma promessa a Nadina e pretendo cumpri-la. Se ela não for, então podem me esquecer.

Duro olhou para Gordana. Ela balançou a cabeça.

– Tudo bem então – concordou. – Até amanhã.

CINCO
O segredo

ORAÇÃO JUDAICA PELA PAZ

Venha, subamos à montanha do Senhor,
para que trilhemos o caminho do Altíssimo.
E trocaremos nossas espadas por arados,
E nossos arpões por anzóis desarmados.
Uma nação não erguerá espada contra outra nação –
E não mais aprenderão a guerrear.
E ninguém deverá temer, pois essas são as palavras
que o Senhor dos Exércitos falou. *

– SEMENTES DA PAZ

---

* *Come, let us go up to the mountain of/ the Lord, that we may walk the/ paths of the Most High./ And we shall beat our swords into ploughshares,/ and our spears into pruning hooks./ Nation shall not lift up sword against nation-/ neither shall they learn war any more./ And none shall be afraid, for the mouth of the/ Lord of Hosts has spoken.*

Nadina e eu estávamos prontos, na frente do apartamento dela, às seis e meia da manhã seguinte. Duro tinha dito para só levar roupas. Esperava que ele não se importasse de eu estar levando a minha escova de dentes. Não sabia bem se devia seguir as ordens dele à risca. Fora isso, Nadina e eu estávamos de pleno acordo. Duro apareceu numa pequena caminhonete minutos depois. Snjezana e Gordana estavam com ele. Jogamos nossas coisas na mala e entramos. Em pouco tempo já estávamos na estrada, saindo de Rijeka. Não fazia idéia para onde estávamos indo, mas isso parecia fazer parte do plano. A localização da comunidade dos Emissários era um segredo muito bem guardado. E mesmo se tivesse sido revelado onde era, não faria diferença. Fora da estrada que liga Rijeka a Zagreb, eu me perdia. Duro tinha falado que íamos para a fronteira da Bósnia. Ouvi dizer que era a região controlada pelos sérvios.

– É isso mesmo – disse Duro. – Por isso é que é muito perigoso. Estaremos muito próximos das duas cidades controladas pelos sérvios. Mas não precisa se preocupar. Vamos deixar o carro numa área muito segura, depois subiremos as montanhas a pé até a comunidade. Fiz isso muitas vezes sem problemas. Sei como me esgueirar entre os sérvios.

Aquilo era como dizer para um cervo que não se preocupasse no primeiro dia da estação de caça. Aparentemente só eu me preocupava. Talvez eles estivessem insensíveis por causa da constante ameaça da guerra, mas a idéia de me esgueirar por uma área controlada pelos sérvios não parecia nada divertida. Precisei de cada grama de confiança que tinha para acreditar em Duro. Ele estava seguro e sereno, como se estivéssemos dando um passeio pelo campo.

Contei para Nadina a conversa que tivemos no jantar quando cheguei à casa dela na véspera. Primeiro ela pensou que eu estava inventando. Quando percebeu que eu falava sério ficou muito animada, especialmente quando soube que podia ir junto. Tive dificuldade em dormir aquela noite. Quando consegui, tive sonhos violentos. Imagens de batalhas e bombas me perseguindo a noite toda. Comecei a questionar a decisão de embarcar naquela viagem maluca. Devia estar voltando para Assis, mas em vez disso estava indo direto para o centro do campo de batalha. Era tarde demais para recuar.

Viajamos quase cinco horas de carro, parando só uma vez para abastecer. Tínhamos saído da rodovia há muito tempo. Íamos por estradinhas estreitas e às vezes inexistentes. Vi alguns carros incendiados na beira da estrada. Aquela região devia ter pertencido aos sérvios. A paisagem era linda. O contraste com as montanhas verdes ondulantes fez o lugar para onde íamos parecer irreal. Tive de lembrar que estávamos numa situação muito séria. Aquilo não era simplesmente uma excursão num país estranho. Eles estavam em guerra, e isso era uma coisa que eu nunca tinha visto. Não sabia como as pessoas vivem numa guerra. Imaginava que fizessem o possível para ficar de fora, mas lá estávamos nós, marchando em sua direção.

Duro virou o carro para a entrada do que parecia ser uma sede de fazenda abandonada. Foi para os fundos da casa e estacionou atrás de um celeiro.

– É aqui que começamos a andar. Precisamos nos apressar, senão não chegaremos antes do pôr-do-sol. Vamos levar quase seis horas caminhando a partir desse ponto.

Pegamos nossas coisas na mala e Duro nos guiou pelo campo até chegar a uma estradinha estreita de terra. Andamos muito tempo em silêncio. Duro ia na frente, seguido por Gordana, depois eu. Snjezana e Nadina caminhavam de braços dados alguns metros atrás de mim. A floresta era viva, com sons de pássaros cantando e esquilos brincando. O sol penetrava nas árvores, desvendando sombras móveis no solo da floresta. Depois de muito tempo cheguei perto de Duro.

– Duro, fale do homem que fica sentado no meio da roda. Qual é o papel dele?

– Os doze Emissários sentam em volta da roda, cada um no seu lugar. Eles representam toda a vida no planeta, como o zodíaco com seus doze signos. O trabalho deles é focalizar um raio luminoso colorido específico através dos símbolos do diagrama, para o centro. A cor da luz que focalizam indica o nível ou a parte da humanidade que representam. Quando cada Emissário lança a luz e focaliza o centro da roda, Aquele que está no Centro pega cada raio luminoso e junta com os outros, depois projeta a Luz Divina em todo o universo. Ele é o eixo da roda e os Emissários são os raios. A luz que Aquele do Centro projeta é energia curativa pura. Imagine uma enorme fonte no centro de uma grande planície. A fonte lança um enorme rio de água no ar e se espalha em todas as direções. Então cai em toda a planície, estimulando o crescimento e evitando que ela fique árida e morra. Isso é muito parecido com o trabalho dos Emissários.

– Quem é Aquele que Está no Centro? – perguntei.

– É muito difícil explicar isso. Aquele que Está no Centro não tem identidade como você e eu compreendemos. Poderia dizer que ele tem todas as identidades, já que sua função é concentrar a atenção da humanidade num rio curativo de energia. Cada Emissário tem um nome, como você e eu, e depois de meditar durante doze horas às vezes conversam com os assistentes e parecem muito normais. Aquele do Centro nunca faz isso. Ele raramente fala com alguém da comunidade. Quando termina a meditação, volta para a sua cabana e fica lá até o dia seguinte. Nunca conversei com ele. O papel dele é tão específico e importante que ele não se relaciona de modo algum com o mundo formal.

– Você disse que os Emissários existem há milhares de anos, mas que sempre estão em lugares onde há muito ódio e violência. Isso não faz sentido. Eles saem e se mudam de tempos em tempos, sempre que uma guerra termina e outra começa?

– O jeito mais fácil de entender é dizendo que eles existem de uma forma ou de outra, por milhares de anos. Conforme os tempos mudam, os Emissários também vão mudando. Mas uma coisa que nunca se modifica é a roda. Os símbolos que formam a roda são a força aglutinadora que define o papel dos Emissários e os mantêm ativos, era após era. Depois de um período de tempo, ou quando um lugar específico no mundo não está mais vivenciando o ódio e a violência que formaram a roda, o círculo reaparece em algum outro lugar... talvez com as mesmas pessoas, talvez não. Esse ciclo contínuo caminha para o momento em que a roda não será mais necessária. Esse momento está muito próximo. Quando um número suficiente de pessoas começar a emitir a Luz Divina, então os Emissários deixarão de existir.

– O que vamos fazer quando chegarmos lá na comunidade? – perguntei.

– Não sei. Minha tarefa é levá-los para lá, e só. Nem sei quanto tempo vamos ficar, talvez alguns dias, talvez mais. O que sei é que vai acontecer tudo que tem de acontecer. Conte com isso.

Andamos a tarde toda. Duro parecia conhecer o caminho, mas eu não via trilha alguma, nem razão para seguir a rota que ele escolhia. Estava ficando cansado. Snjezana e Nadina começaram a reclamar. Gordana não disse nada, mas dava para perceber que ela também estava cansada. O sol já encostava no horizonte. Logo iria escurecer. Observei Duro para ver se ele estava preocupado. Estava sereno. Torci para estarmos perto, mas não tinha como saber. Então, subitamente, Duro parou.

Enveredamos por um campo longo e estreito. Não tinha nada ali, a não ser algumas árvores e arbustos espalhados. Duro levou-nos bem pelo meio. Ele andava com cautela. Olhei em volta e não vi motivo para isso. Então ele parou.

– Fiquem bem quietos – disse sussurrando.

Ninguém se mexeu. Ficamos lá como estátuas, mais de um minuto. Então ele sorriu e acenou para continuarmos andando. Olhei para frente e vi uma pequena casa a menos de sessenta metros de onde estávamos. Não entendi por que não a vi antes. Na verdade, era quase impossível não ver a casa. Ela ficava no limite do prado, uma estrutura marrom de madeira, perfeitamente discernível de onde eu estava. Virei para trás e olhei para Snjezana, que também parecia surpresa. Então uma mulher muito alta saiu de trás da casa e foi nos receber. Duro foi na frente e

quando chegou perto abraçou-a. Depois, virou para nós. Conversou com ela em croata. Parecia que estava falando de mim.
— Ela não fala inglês — me informou. — O nome dela é Sonja. Ela mora na comunidade, cozinhando e ajudando. Todos aqui têm uma tarefa a cumprir, alguma contribuição. Ela diz que todos são bem-vindos.

Snjezana disse alguma coisa para ela em croata, depois Sonja pediu para deixarmos nossas coisas do lado de fora da casa. Guiou-nos para além da casa, um caminho que entrava na floresta. Dentro dessa floresta vi pequenas cabanas espalhadas. Depois de um minuto chegamos a outra casa térrea, do mesmo tamanho que a primeira. Entramos pela porta da frente.

Havia alguns homens sentados a uma mesa, mais dois em cadeiras perto do fogo. Quando nos viram todos se levantaram e foram cumprimentar Duro. Ele abraçou cada um e depois nos apresentou. Falou de Nadina, Snjezana e Gordana em croata. Então virou-se para mim.

— Jimmy, estes homens são os assistentes dos quais falei. Eles moram aqui nesta casa. A função deles é atender aos Emissários.

Adiantei-me e apertei a mão deles. Pareciam muito cordiais e contentes com a nossa chegada. Só dois falavam inglês, Ivan e Toni. Todos usavam camisetas e calças compridas, e tinham menos de quarenta anos.

— Estávamos esperando vocês — disse Toni. — Um dos Emissários nos contou que vocês vinham. Vamos tentar deixar todos bem à vontade.

Puxaram mais algumas cadeiras para perto da mesa e sentamos. Uma panela de sopa fumegava num fogão a lenha a um canto da cozinha. Dois homens encheram cinco pratos e levaram para a mesa. Não tinha me dado conta da fome que sentia. A sopa estava deliciosa. Duro conversava animadamente com os homens enquanto comia. A cena toda parecia estranha, como se não fosse o que eu esperava. Era tão normal, mas não tinha nada da calma e da seriedade que eu esperava encontrar na comunidade.

— Vai ver que somos mesmo muito normais — disse Toni.

— Como descobriu o que estava pensando? — perguntei para ele.

– Também vai ver que aqui não existem pensamentos ocultos. Somos assistentes porque os Emissários não precisam falar conosco. Eles pensam no que precisam e nós providenciamos. É muito comum aqui, você vai se acostumar.
– Há quanto tempo você é assistente? – perguntei.
– Há cinco anos. Sou de Split. Um dia um amigo meu convidou-me para uma aula de meditação. Nunca tinha ido, por isso aceitei. Durante a aula senti que estava dentro da mente da líder. Ouvia os pensamentos dela como se fossem meus. E sabia que ela sabia. Depois da aula ela disse que precisava falar comigo. Disse que conhecia um lugar onde eu poderia usar esse dom, mas que representaria um grande sacrifício. Na mesma hora senti que precisava ir para esse lugar, apesar de não saber o que era, nem onde era. Uma semana depois estava aqui, e estou aqui desde então.
– Você sabe por que estou aqui?
– Claro – ele disse, de um modo que fez parecer que era uma coisa banal. – Você está aqui para aprender sobre a Luz Divina, e depois ensinar para os outros como espalhá-la. Eles estão à sua espera há muito tempo. Esperavam o mundo ficar pronto para isso. Agora que está, você ensinará às pessoas sobre os Emissários, e elas aprenderão a fazer o que os Emissários fazem. Então este lugar vai desaparecer, e eu poderei voltar para Split.
Ele deu uma risada e um tapinha no meu ombro. Gostei do Toni na mesma hora. Ele era simpático e gentil, mas tinha uma força interior para a qual me senti atraído instantaneamente. Falou sobre os outros assistentes, como encontraram a comunidade e de onde eram. A maioria vinha da região dos Balcãs, dois da Croácia, um da Bósnia, um da Sérvia e um da Albânia. O sexto era da Áustria. Eram todos alegres e hospitaleiros. Estávamos com eles há cerca de uma hora quando Duro disse que tínhamos de ir. Sonja ajudou-nos a encontrar o caminho de volta para a casa que vimos quando chegamos. Era lá que íamos ficar. Soube que aquela casa era normalmente das cinco ou seis mulheres que viviam na comunidade. Elas iam ficar do outro lado da propriedade enquanto estivéssemos lá.
As cabanas na floresta pertenciam aos doze Emissários.

Eles levavam vidas solitárias, espalhando a Luz Divina doze horas todos os dias, da meia-noite ao meio-dia, e passando o resto do tempo sozinhos em suas cabanas ou conversando com um dos assistentes. Raramente iam para as casas ou se encontravam com mais de uma pessoa ao mesmo tempo. A tarefa deles era conservar a Luz, e quando não estavam meditando estavam se preparando para a próxima sessão.

Na casa encontramos uma cama para cada um e nos preparamos para dormir. Em poucas horas o resto da comunidade ia dar início à vigília de doze horas. Duro disse que achava que era melhor descansar e encontrar com eles de manhã. O dia tinha sido muito longo e estávamos exaustos. Duro e eu dividimos um quarto. Depois de um breve tempo fomos para a cama.

– O que vai acontecer amanhã? – perguntei para Duro.

– Vamos participar das últimas horas da meditação. Não sei o que vai acontecer depois disso. Tenho certeza que já fizeram planos, mas não sei quais.

– Tenho de admitir que estou muito nervoso. Uma parte de mim ainda duvida que isso está acontecendo. Não compreendo por que resolveram me escolher... quero dizer, talvez depois de me conhecerem...

– Você não foi escolhido por nenhuma das razões que pensa – disse Duro. – Não foi por ser o melhor em alguma coisa, ou porque será capaz de ensinar isso melhor que qualquer outra pessoa. Foi escolhido porque isso já está em você. Não é uma coisa que vai aprender, é algo que vai lembrar. Isso acontece com todos nós. Espalhar a Luz Divina é o que já fazemos, porque todos no mundo são o que a Luz Divina é. Mas esquecemos o que somos, então nossa Luz fica turva e confusa. Este é o processo de desaprender todos os pensamentos que bloqueiam sua Luz. Depois, tudo que fizer será o reflexo da verdade.

Virei para o outro lado e fiquei de frente para a parede. Tudo estava acontecendo muito depressa, mas mesmo assim sentia que estava pronto. Só não tinha certeza para quê. O sonho que tive com a roda e Aquele do Centro passou pela minha cabeça. Será que era real? O que ia acontecer de manhã quando entrasse no círculo pela primeira vez? Minha viagem para a Croácia e a Bósnia estava sendo muito mais rica do que eu imaginava. E o suspense sobre o que ia acontecer na manhã seguinte era enorme.

Eram quase nove horas quando acordei. Os outros já estavam de pé e vestidos. Havia um prato com frutas em cima da mesa da cozinha. Nadina estava sentada comendo uma laranja. Parecia mais animada do que nunca. Estava acostumado a vê-la pouco entusiasmada pela manhã, e o mau humor dela só perdia para o meu. Mas agora ela estava radiante, como se respirasse pela primeira vez na vida.

– Bom dia Jimmy – ela disse levantando da cadeira e me abraçando – Estou tão feliz de estar aqui... e nem sei por quê. É tão lindo, e as pessoas são tão maravilhosas... Você percebeu que não tive vontade de fumar desde que cheguei aqui? E Snjezana também não. Como se nunca tivesse fumado.

Duro entrou com Gordana pela porta da frente.

– Você precisa comer depressa para podermos assistir às últimas horas da meditação, Jimmy – ele disse.

Peguei uma maçã e falei que ia comendo no caminho.

– Não pode fazer isso – ele disse. – A noite passada não foi muito séria, mas temos de nos conscientizar de onde estamos. Este é um lugar muito sagrado, talvez o lugar mais sagrado em todo o mundo. Tudo deve ser feito pensando nisso. Não podemos, por exemplo, comer quando estamos andando. Quando trilhamos esses caminhos, isso deve ser feito com a maior reverência. Faça apenas uma coisa de cada vez. Depois explico melhor. Ande logo e coma, depois nós vamos.

Quando terminei de comer a maçã saí. Os outros estavam à minha espera.

– Vamos andando até o círculo em completo silêncio – disse Duro. – Quando chegarmos lá um dos assistentes vai mostrar onde devemos sentar. Ficaremos até a meditação acabar. Meditem como quiserem. Não se preocupem em seguir nenhuma forma específica. Vocês vão observar que os Emissários ficam imóveis durante a meditação. Depois de sentar, também devem evitar se mexer. É importante criar o mínimo possível de distrações.

Caminhamos pela trilha no mais completo silêncio. Procurei manter a minha mente livre e aberta. Passamos pela casa onde

tínhamos jantado na véspera. Depois da casa havia uma pequena clareira, e outra trilha. Seguimos pelo caminho mais cinco minutos. Vi mais cabanas na floresta. Eram encobertas pela mata como se estivessem protegidas e ficavam invisíveis para quem não as estava procurando. A comunidade se harmonizava com a floresta. Parecia que aquele lugar fazia parte do ambiente natural. Nada perturbava o equilíbrio e a beleza da região.
Ao chegar ao fim do caminho Duro parou. Olhei para frente e vi a casa de meditação. Era exatamente como Duro tinha dito, só que bem mais alta do que imaginara, doze a quinze metros de altura. Fomos até uma porta pequena onde um assistente nos esperava. Ele abriu a porta e entramos. Ficamos perto da porta até ele entrar também. Ele, então, nos guiou ao longo da parede externa cerca de dez metros, então indicou nossos lugares, a três metros de distância um do outro.
A primeira coisa que notei foi a intensidade da luz, tal como Duro a descrevera. No entanto não era como entrar numa sala muito iluminada, era mais um brilho que partia de algum ponto dentro de nós e irradiava para fora. É impossível descrever. A enorme roda com os símbolos antigos ocupava quase todo o chão. Era exatamente como no meu sonho. Doze pessoas sentadas dentro do aro da roda, seis homens e seis mulheres, cada um cercado por dois raios. Estavam sentados com as pernas cruzadas, meditando profundamente. Os seis assistentes estavam encostados na parede externa, em vários pontos. Depois fiquei sabendo que a função deles durante a meditação não era atender fisicamente aos Emissários, mas apoiá-los psiquicamente. Havia uma espécie de troca de energia que acontecia quando a mente de um Emissário começava a vagar ou perdia energia. A troca revitalizava o Emissário, facilitando a concentração.
Senti que estava entrando num estado profundo de meditação, sem esforço. Era como se o ambiente fosse tão propício para a paz e a tranqüilidade, que minha mente reagia imediatamente. Meus olhos ficaram semicerrados. Minha visão moveu-se com facilidade pelo salão. Bem no topo do teto abobadado havia uma grande clarabóia, com uma área de pelo menos dois metros. A fumaça do incenso pairava no ar como nuvem na luz. A sala era

quase vazia, a não ser pelas velas ardendo em vários lugares. Não tinha mobília alguma. Todos ficavam de pé ou sentavam no chão. Então, através de uma nuvem clara de fumaça eu vi Aquele que Está no Centro. Ele olhava direto para mim, sorrindo. Seus olhos pareciam um raio laser, cortando a minha mente. Desviei os olhos por um instante. Quando voltei a olhar para ele, estava de olhos fechados e não sorria mais.

Não tive dúvida, era o mesmo homem que vira em sonho. Era difícil vê-lo claramente com o incenso e a luz brilhante, mas tinha certeza que era ele. Minha mente estava mergulhando num espaço profundo e tranqüilo. Senti que era Um com a sala, Um com as pessoas na sala. Os pensamentos desapareceram. Minha mente ficou muda e imóvel. Nunca sentira aquela paz avassaladora antes. A energia se movia em volta e dentro de mim. Os espaços e os limites derretiam e se misturavam com a minha experiência, que não podia mais ser identificada com o corpo físico. Era íntegra, plena e unificada.

Perdi a noção do tempo. Não sei se fiquei dez minutos ou duas horas nesse estado. Minha mente era como uma massa imensa de água, prendendo a respiração. A água quase não mexia, não tinha ondas nem qualquer encrespação, apenas o suave e silencioso bater de um coração invisível que levantava a água como se puxasse um fio, acalmando-a para poder se transformar na essência da claridade. E então, nesse silêncio, ouvi uma voz. No início era como um sussurro fora do meu alcance, mas depois foi ficando mais alta e mais clara. Quase não consegui entender as palavras.

— Não busque a paz aqui, encontre-a em toda parte. Não busque a paz aqui, encontre-a em toda parte.

Toda vez que ouvia isso, era mais alto e mais claro. A voz repetia e crescia até eu sentir que estava em toda parte à minha volta.

Abri os olhos e vi os doze Emissários e Aquele que Está no Centro olhando para mim. A voz era deles. Era como um mantra silencioso que um começava, depois outro, mais outro, projetando as palavras mentalmente através do espaço. Fiquei assustado. Nunca tinha sentido nada com tanta clareza, nem com tanta certeza de pensamento compartilhado. Aquele que Está no Centro estava sorrindo novamente, muito mais do que antes. Senti que despertava com um pulo. Um instante depois os Emissários viraram para o centro do círculo e começaram um cântico silencioso. Não compreendi a língua que falavam. Não parecia nada que eu pudesse reconhecer. Depois de alguns minutos o cântico acabou, eles se levantaram e caminharam para a porta, formando uma fila. Aquele que Está no Centro foi o último e olhou para mim quando passou. Nós também nos levantamos e aguardamos a saída de todos. Então Duro levou-nos até a porta. O dia estava claro, ensolarado.

SEIS
Aquele que Está no Centro

ORAÇÃO XINTOÍSTA PELA PAZ

Embora eu creia
que os povos que vivem
além do oceano que nos rodeia,
　sejam nossos irmãos e irmãs,
　por que há tantos conflitos
　neste mundo?
Por que ventos e vagas se levantam
no oceano que nos rodeia?
Desejo apenas com sinceridade que o vento
sopre para longe todas as nuvens que estão
suspensas sobre os cumes das montanhas. *

— SEMENTES DA PAZ

---

* *Although the people living/ across the ocean/ surrounding us, I believe,/ are all our brothers and sisters,/ why are there constant troubles in/this world?/ Why do winds and waves rise in the/ocean surrounding us?/ I only earnestly wish that the wind will/ soon puff away all the clouds which are/ hanging over the tops of the mountains.*

Passei a maior parte do primeiro dia sozinho. Algo muito profundo tinha acontecido comigo naquela manhã. Eu não tinha certeza do que era, mas o quer que fosse, me deixou voando num espaço que era tanto desconhecido quanto maravilhoso. Sentia-me incapaz de ter um pensamento concreto. Tudo se esvaía, como se não houvesse sobrado nada a que as coisas pudessem se apegar. A minha mente estava aberta, clara e livre. Eu quase podia sentir a minha mente racional me chamando, como se ela estivesse muito longe. Mesmo com todo meu estudo de *Um Curso em Milagres*, suspeitava dessa nova clareza. E ainda assim, o senso de paz era avassalador demais para ser dissipado por tais medos. Sentia como se minha cabeça houvesse sido aberta como uma lata de sardinhas; podia sentir a energia fluindo do topo. Meus sentidos estavam aguçados e alertas. Os sons e visões da floresta ganharam vida. Era como se eu fosse Um com a vida, uno com o universo.

– Estou vendo que me encontrou.

A voz veio de algum lugar à esquerda, mas eu não podia ver ninguém em meio à floresta densa. Eu estivera perambulando por um longo tempo e não sabia ao certo onde estava. Fiquei parado e esperei.

– Eu disse, parece que você me encontrou.

Olhei novamente e vi Aquele que Está no Centro a uns nove metros de distância. Sua camisa e calças verde-pálido faziam com que ele se misturasse facilmente com as árvores e plantas.

– Eu não sabia que estava procurando você – respondi.

– É claro que estava. Eu estava chamando você. Pode não ter me escutado com seus ouvidos, mas sua mente sabia onde eu estaria. Como está se sentindo?

Comecei a caminhar na sua direção.
– Sinto-me incrível. Mas também um pouco assustado. Nunca havia experimentado nada como isso antes.
– Você vai se adaptar – ele garantiu. – Seu corpo precisa de tempo para se ajustar à intensidade da Luz. É como ir de uma sala escura para outra iluminada. Em alguns dias, ele vai se equilibrar e você vai ficar bem.
Como no meu sonho, não havia dúvidas que ele era americano. Sua voz era forte e profunda. Tinha altura mediana, era robusto, com memoráveis feições morenas. Seria difícil dizer sua idade. Poderia ter cerca de cinqüenta anos, mas provavelmente era mais velho. Sua presença era fascinante. Sentia-me como uma mariposa atraída para a chama. Havia algo nele que minha mente não podia decifrar, mas que me atraía.
– Espero que você possa responder algumas perguntas – disse.
– Guarde suas perguntas, por enquanto. Não temos muito tempo para realizar o que precisamos. Você sabe por que está aqui?
Disse-lhe o que sabia. Ele escutou cuidadosamente, não prestando tanta atenção às minhas palavras, mas aparentemente a cada inflexão, cada movimento, enquanto decidia algo sobre mim. Quando terminei, sorriu e pediu que o acompanhasse. Depois de alguns minutos, chegamos a uma pequena cabana. Aparentemente, essa era a sua casa. Havia um pequeno buraco para fogueira cheio de cinzas e carvões em brasa a cerca de cinco metros da porta da frente. Algumas ferramentas de jardinagem descansavam contra a parede da cabana e uma camisa estava secando numa corda pendurada entre duas árvores. Enquanto pegava alguns pedaços de lenha de uma pilha e os colocava sobre as brasas, fez sinal para que me sentasse sobre um tronco cortado. Seus movimentos eram ágeis e fluidos. Ele se ajoelhou sobre a lenha até que ela pegasse fogo. Então sentou-se num tronco diante de mim.
– Você está aqui porque sua consciência está prestes a tornar-se consciente de si mesma. É simples assim. Quando você conhece a si mesmo, conhece a verdade. Quando você se recusa a conhecer-se, o pânico se instala na mesma medida que você procura um substituto, o terror o persegue quando percebe que

você nunca poderá substituir o eterno, e o medo o possui quando experimenta a culpa por tentar. A idéia de que somos separados e solitários é só isso – uma idéia, um pensamento. Não é a verdade. A verdade é que você adormeceu e está tendo um sonho de separação. Mas o sonho está quase no fim. A realidade está prestes a dar à luz a realidade, e é por isso que você está aqui, para ajudar a realidade a passar pelo canal de nascimento.
– De que modo devo fazer isso? – perguntei.
– Oh, já está sendo feito, essa é a beleza da coisa. Parece um paradoxo, não é mesmo? Na verdade, não é. Veja só, uma mente sonhadora pode criar qualquer mundo que desejar, mas não pode torná-lo real. Ela pode criar mundos inteiros regidos por leis completamente diferentes, mas quando a mente desperta, descobre que a realidade nunca mudou. Tudo é igual ao que era antes do sonho. E o mesmo acontece com este mundo físico. Quando é hora do despertador disparar, é isso que ele faz. Você acorda, escova os dentes e prossegue com seu dia, sem pensar em nenhum momento que o sonho era real. O despertador está prestes a tocar, Jimmy. O despertar da humanidade para sua Natureza Divina está quase aqui. Seu trabalho é ajudar a facilitar o processo, a torná-lo mais suave. Compreende isso?
– Na teoria, sim. Mas não sei se compreendo realmente – respondi. – Entendo o que você está dizendo, mas não sei como isso se aplica à minha pessoa. O que vou fazer para realizar esse despertar?
– O que quer que você tenha que fazer, eu acho – disse ele, rindo. – Não se preocupe com essas perguntas, Jimmy. O seu único trabalho, por enquanto, é aprender a respeito dos Emissários. Aprendendo sobre nosso trabalho, você vai saber exatamente o que deseja. Tudo o que posso dizer é que as pessoas vivem com medo. À medida que esse despertar ocorre, esse medo terá que ser liberado. Se não for, o nascimento será traumático. Se o medo for liberado e as pessoas puderem relaxar com essas mudanças, o nascimento será suave e fácil. O seu trabalho, então, é ajudar as pessoas a se livrarem do medo. Você vai fazer isso ensinando-as sobre a paz.
– É por isso que estou aqui, porque já ensino sobre a paz?

– Você está aqui porque escolheu esse trabalho – disse ele enquanto chutava as brasas com um pedaço de pau, atiçando o fogo. – Você se ofereceu para esta viagem. Não ache que nada disso está acontecendo *com* você; pelo contrário, está acontecendo *através* de você. Seu trabalho é comunicar a experiência da paz ensinando a verdade. O que é a verdade? Simplesmente isto: a humanidade escolheu seu próprio isolamento, impôs seu próprio exílio. A dor, sofrimento e solidão do mundo nascem da idéia de que a humanidade pode existir separada de Deus, ou da criação, ou seja lá como você quiser expressar o Divino. Contudo, mais uma vez, isso é uma idéia, uma tentativa de tornar possível o que é impossível. É por isso que o fracasso é inevitável.

– A humanidade fez uma infeliz "Declaração de Independência". Ao fazê-lo, pareceu se isolar de sua origem, uma ilusão que trouxe sofrimento, dor e morte. Mas a humanidade esqueceu que ela escolheu este isolamento livremente. Como tem o poder de livre arbítrio, pode experimentar tudo que quiser. Mas não pode tornar o impossível real, e a separação da origem é impossível. Ela só pode *parecer* real. O despertar de que falamos é na verdade uma "Declaração de Dependência". É a disposição de aceitar o papel de ser um colaborador da criação com Deus. Tornando-nos completamente dependentes, experimentamos o poder, uma crença totalmente estranha ao ego, que acredita exatamente no oposto. Declarando sua dependência de Deus, você deixa de lado a ilusão da separação e reassume seu lugar no drama divino.

– Como vou comunicar isso? – indaguei.

– Aprendendo a trabalhar com a Luz Divina, ou com a essência da criação, você vai aprender a comunicar a verdade em todos os níveis. A sua música comunicará uma experiência da paz que transcende a própria música e as palavras. Seu ensinamento comunicará uma certeza inegável. E seu escritos comunicarão dados fundamentais da Luz, ou a compreensão intelectual que permitirá às pessoas se livrarem do medo para experimentar a verdade. Você vai ensinar a elas o que aprendeu; vai dar a elas apenas o que permitiu-se receber. É assim, na verdade, que funciona o ensinamento.

Ele se levantou e passou para um tronco à minha esquerda.

Eu podia sentir um aroma rico e profundo ao seu redor, como se ele fizesse parte da terra. Sua presença era fascinante. Ele se inclinou para a frente e segurou meu braço.

– Durante milhares de anos os Emissários da Luz prepararam o mundo para esta época. Nossa única função foi manter as portas do céu abertas, ou manter o fluxo de Luz Divina contínuo e poderoso. Como a humanidade escolheu este estranho caminho, existimos para acelerar o retorno ao amor. Nosso trabalho tem sido traduzir as energias do ódio e do medo em alegria e inocência. Os Emissários sempre existiram nas áreas mais afetadas pela violência, porque é a tensão entre a violência do mundo e a paz dos Emissários que aprimora nossa missão. Não estamos aqui pela Bósnia, mas pela própria humanidade. Fomos colocados aqui fisicamente para mostrar a diferença irreconciliável entre o amor e o medo. Uma pessoa não liga um holofote à luz do dia; você o liga à noite, porque é quando a luz poderá ser vista claramente. Entre a fumaça e os destroços da guerra surge uma luz tão brilhante que não pode ser ignorada.

"Executamos esta missão em segredo, porque não é necessário que as pessoas saibam que estamos aqui. Imagine o que aconteceria se elas soubessem que estamos aqui. Até agora, não estiveram prontas para compreender o que fazemos. Mas isso está mudando. Fomos os guardiães da raça humana. Até agora, aguardamos na sombra que a humanidade estivesse pronta para controlar seu próprio destino. Agora existem mentes iluminadas o bastante para que isso aconteça. A passagem do medo para o amor será fácil se aqueles que aceitaram o amor se adiantarem e agirem como supervisores desse despertar. Saber sobre o trabalho dos Emissários vai acelerar este movimento. Quando a humanidade escolher aceitar a liberdade no lugar da prisão, nosso trabalho estará concluído. É isso que você deve comunicar ao mundo, Jimmy.

Ele se levantou e fez sinal para que eu o seguisse; andou até a cabana e abriu a porta. Eu o segui até o interior. Era uma cabana pequena, de um único aposento. Em um canto, havia uma única cama, mas no lado oposto, havia uma pequena mesa com uma cadeira. Ao lado da cama havia um criado-mudo, e ao lado dele havia outra cadeira de madeira. Havia um lampião de quero-

sene sobre a mesa. Não havia livros ou nada de natureza pessoal no quarto. As paredes estavam nuas, e exceto pela porta, uma janela fornecia a única abertura.
— Este é o meu lar — disse ele. — Tudo que eu possuo está aqui. Toda minha existência está concentrada numa única coisa: expandir a Luz Divina. A sessão de meditação dura doze horas todos os dias. Quando termina, eu venho para cá. A Luz é canalizada através de mim onde quer que eu esteja. Esta é a minha função, minha missão escolhida. Antes eu não era diferente de você. Tinha uma vida normal, viajava, tinha família. Mas então eu fui chamado. Quando sentei-me no centro da roda, minha vida antiga desapareceu.

"Nosso trabalho é, de um modo bastante literal, salvar o mundo, não da condenação mas do resultado dos seus próprios pensamentos violentos. Quando você entende isso, nada mais importa. Agora que você está aqui, sua vida nunca mais será a mesma. Você aceitou uma missão importantíssima, proclamar o fim dos tempos. Mas o fim dos tempos não virá como as pessoas pensam, numa explosão de fumaça. O tempo vai acabar na Luz porque começou na escuridão. O tempo vai acabar quando a humanidade aceitar a eternidade como seu lar. Este é de fato o momento mais importante de toda a história. Sua função é ajudar as pessoas a compreender qual é o verdadeiro significado da paz para que possam escolher o amor em vez do medo.

Sentei-me na cadeira.
— Não sei ao certo por que estou aqui ou o que vai acontecer, mas tudo isso está começando a ser demais para mim. Eu vou declarar o fim dos tempos? Por favor, não me leve a mal, esta tem sido uma experiência incrível, mas estou morto de medo. Se o que você está dizendo é verdade, então eu deveria estar alucinado com a importância deste local e do que está acontecendo comigo. Se não é, então tenho que aceitar que nós dois estamos loucos. Eu não sei em que acreditar.
— Você verá por conta própria — disse ele. — Não vai ter que aceitar a minha palavra por muito tempo. Deixe-me explicar exatamente o que vai acontecer. Amanhã você vai se reunir conosco para a meditação noturna. Não se preocupe com as doze horas.

Como você descobriu hoje cedo, a Luz o toma, você entra no espaço sem tempo, e então acabou. Você precisa simplesmente integrar os doze raios projetados pelos Emissários. Isso será feito intelectualmente aprendendo os fundamentos da Luz Divina. Você virá à minha cabana todas as tardes; eu serei seu mestre. Então você vai partir e voltar para os EUA. Receberá novas instruções quando chegar lá.

– E os outros que vieram comigo? – perguntei.

– Eles vão ficar bem. Estão experimentando a Luz da mesma maneira que você. Cada um deles vai aprender o que veio aprender. Ninguém está aqui por acidente, exatamente como você.

Ele caminhou até onde eu estava sentado e colocou sua mão sobre minha testa. Subitamente experimentei o que parecia ser um tremendo fluxo de água e Luz ao meu redor. Eu não sei quanto tempo esse sentimento durou, mas fiquei completamente mergulhado na Luz. Quando terminou, abri os olhos e ele havia partido. Levantei-me e voltei para perto dos amigos.

Jantei cedo e me preparei para dormir. O resto do grupo se uniria à meditação às seis da manhã seguinte. Eu estava sozinho em casa com Snjezana. Falei com ela sobre minha conversa com Aquele que Está no Centro.

– Estou muito feliz por você ter sido escolhido e não eu – disse ela, rindo. – Eu não gostaria de ensinar o fim dos tempos. Eu gosto de coisas demais para que o tempo termine agora.

– Não tenho certeza de compreender ou de acreditar em tudo isso, Snjezana. Mas se for refletir sobre o assunto, tudo que fiz, tudo que aprendi me trouxe até aqui. Ele não disse nada que eu não ensinasse no meu *workshop*. Mas é uma experiência totalmente diferente quando acontece com você. Subitamente é algo concreto e real, e não apenas um conceito. Mas eu vou sair daqui. Não sei o que devo dizer às pessoas sobre este lugar, mas eu mesmo não acreditaria se escutasse. Por que alguém acreditaria em mim? O que devo fazer, chegar até as pessoas e dizer, "está na hora de despertar. É o fim do mundo que conhecemos"?

– Sim – disse ela.

– O que quer dizer?

– Quero dizer, é exatamente isso que você vai dizer, talvez

não assim, mas tenho certeza que vai encontrar um jeito de contar às pessoas a verdade, de uma maneira que elas possam ouvi-lo. Você é bom nisso.
— Mas elas vão achar que sou louco.
— O mundo é louco — respondeu ela. — Desde quando o mundo é sábio? Você vai dizer a eles que são feitos de amor. É simples. Você vai dizer que o céu é real, e que eles podem experimentá-lo agora mesmo. Eles não precisam morrer ou passar por mais cem vidas. É isso que todo mundo está querendo ouvir. Eles só estavam esperando que alguém dissesse isso. E é isso que você vai fazer. Naturalmente, algumas pessoas vão achar que você é louco. Mas outras tantas vão compreender. É para essas pessoas que você está sendo enviado, tenho certeza.
— Mas por que eu? — indaguei. — Certamente existem pessoas muito mais qualificadas do que eu.
— Jimmy, há algo que acontece durante sua interpretação. Você fica translúcido, quase como se desaparecesse. É como se você se transformasse na música e a música se transformasse em você. E quando isso acontece, a audiência experimenta a música de uma maneira diferente de que está acostumada. Isso acontece com eles porque você deixa que aconteça com você. Quando você se permitir ser transformado pela Luz Divina como é transformado na música, o mesmo acontecerá. As pessoas experimentarão isso porque você permitiu a si mesmo experimentar primeiro. É assim que funciona. Cada um de nós precisa aceitar a verdade, antes que possamos passá-la adiante. Quando a passamos, quem quer que esteja pronto vai senti-la e experimentá-la também.
   Sabia que ela tinha razão. Sabia que os Emissários eram reais e que a missão para a qual estava sendo preparado era igualmente real. Contudo, ela me assustava. E ainda assim, havia alguma coisa n'Aquele que Está no Centro em que confiava completamente. Só Deus sabia onde estava me metendo, mas mergulhei de cabeça.

SETE
O poder da luz

ORAÇÃO DE NATIVOS AFRICANOS PELA PAZ

Deus todo-poderoso, Grande
Polegar ao qual não podemos escapar
ao atar nenhum nó;
Trovão Ensurdecedor que fende árvores vigorosas:
Senhor onisciente que das alturas vê até
as pegadas de um antílope
nas rochas aqui na Terra.
O Senhor é o único que
não hesita em responder às nossas súplicas.
O Senhor é a pedra fundamental da paz.*

— SEMENTES DA PAZ

---

* *Almighty God, the Great/ Thumb we cannot evade to/ tie any knot;/ the Roaring Thunder that splits / mighty trees:/ the all-seeing Lord up on high who sees/even the footprints of an antelope on/ a rock mass here on Earth./ You are the one who does / not hesitate to respond to our call./ You are the cornerstone of peace.*

Acordei na escuridão. Eram onze e meia, a hora em que costumava dormir. Dormira cerca de três horas. A minha mente estava ativa demais para adormecer. Vesti-me e tentei não acordar os outros. A lua estava quase cheia naquela noite. A luz tornou fácil passar pelo caminho até a casa de meditação. À minha frente, vi alguém caminhando. Quando chegou na porta do edifício, parou e esperou por mim. Era Toni.

– Olá, Jimmy – sussurrou. – Você pode ficar aqui sentado onde quiser, de agora em diante. Se precisar de alguma coisa, apenas me chame na sua mente. Vou ouvi-lo.

Entramos na casa. Os Emissários já estavam no lugar, incluindo Aquele que Está no Centro. Depois de alguns momentos de silêncio, ouvi um sino tocando. Os assistentes então caminharam pela sala e acenderam as velas, depois o incenso. Então assumiram suas posições contra a parede. Um momento depois, ouvi um zumbido vindo da roda. O som se transformou num cântico profundo, semelhante àquele com que os Emissários terminaram sua meditação no dia anterior. Durou cerca de cinco minutos. Quando terminaram, a sala estava em silêncio. Encostei na parede e me acomodei. Não se ouviu nenhum outro som durante doze horas.

Seria impossível explicar o que eu senti naquele período. Como haviam me dito, o tempo não era vivenciado da maneira normal. Era como se estivéssemos suspensos ali, além do tempo e do espaço. Havia uma qualidade eterna na minha experiência. Minha mente estava clara e tranqüila. Eu parecia me mover para dentro e para fora da sala, às vezes voando pelo universo, depois quieto e sereno, totalmente consciente do que estava à minha volta. Mal notei quando os outros entraram. Nadina sorriu e sentou-se ao meu lado. Gordana, Snjezana e Duro caminharam para o outro lado da roda. Então tudo ficou em silêncio novamente. Parecia que uma hora havia passado. O sol estava brilhando radiante através do vidro. A sala parecia inundada de luz.

Pouco tempo depois, minha mente começou a ouvir o cântico da manhã anterior. Ele começou baixinho, depois cresceu até se tornar discernível. "Não busque a paz aqui, encontre-a em toda parte." "Não busque a paz aqui, encontre-a em toda parte." Abri os olhos e mais uma vez vi os doze Emissários, incluindo Aquele que Está no Centro, olhando para mim. Então ele parou. Um momento depois, recomeçaram seu cântico e a meditação terminou.

Almocei com meus amigos e com os assistentes. Cinco mulheres também se juntaram a nós. Deduzi que estas eram as mulheres donas da casa onde estávamos. À exceção de Sonja, era a primeira vez que eu via qualquer uma delas. Senti-me um pouco mais integrado do que no dia anterior. Sentei-me diante do fogo com Toni e Gordana. Gordana tinha muitas perguntas sobre os Emissários que Toni ficou feliz em responder. Notei como todos eram espontâneos no seio de uma comunidade dita secreta. Talvez fosse porque era quase hora do mundo inteiro saber sobre este lugar.

Eu devia ir até a cabana d'Aquele que Está no Centro depois do almoço. Como eu a encontrara por acidente no dia anterior, tive que prestar bastante atenção ao retornar. Não tive problemas para encontrá-la novamente, no entanto. De acordo com Duro, Aquele – ou Mestre, como passei a chamá-lo – raramente falava com outras pessoas. Portanto, considerei uma grande honra ter essa oportunidade. Enquanto me aproximava da cabana, pude vê-lo sentado junto ao fogo. Caminhei até ele sem dizer nada e sentei-me no tronco oposto. Ele olhou para mim e sorriu, depois olhou novamente para o fogo. Isso continuou durante pelo menos dez minutos. Eu estava começando a me sentir nervoso novamente.

– Hoje é o primeiro dia das suas lições sobre a Luz Divina – disse-me numa voz séria e baixa, sem elevar os olhos do fogo. – Preste bastante atenção, porque você precisa aprender a integrar todas essas lições antes de poder ensiná-las aos outros. Lembre-se que essas lições são sobre energia, e não forma. A forma é o *resultado* da energia, o resultado do pensamento. Sem o pensamento a forma não existiria. Quando mudamos a maneira como pensamos, a forma muda. Este é o ensinamento essencial. Nossa tarefa não é mudar o mundo, mas sim mudar nossos pensamentos sobre o mundo. Essas palavras parecem familiares, não parecem? É porque estou falando numa linguagem que você compreende. Quando você ensina, primeiro precisa estabelecer a linguagem que seus estudantes irão ouvir. Não importa que palavras vai usar, importante é que estejam sintonizados com a verdade. E o que é essa verdade? Simplesmente isso: o amor é real porque ele é inteiro. A paz é real porque é sã. Deus é real porque é eterno. O que não é eterno, inteiro e são, não é real; não existe e não tem conseqüência alguma. Nossa tarefa é revelar o que é real. À medida que fazemos isso, revelamos a natureza do que não é real. É simples assim. – Ele olhou para mim novamente e sorriu. – Agora podemos começar. Como foi a sua primeira meditação plena?

– Foi exatamente como você disse. As doze horas pareceram duas. Não parecia que eu estava ali, e sim voando para algum lugar no espaço.

– Tente resistir ao impulso de sair voando – disse ele. – Como os Emissários, o seu trabalho é estar presente. As pessoas precisam ver que este ensinamento é racional, e não alienado no espaço exterior. Houve uma ênfase excessiva no uso da espiritualidade como fuga em vez de deixar que ela realizasse sua função de nos conduzir até a verdade. É por isso que é importante permanecer com os pés no chão, acessível. Se você o fizer, as pessoas não vão tratar seu ensinamento como uma religião de contos de fadas ou uma novidade da nova era. Elas precisam ter fé na realidade concreta da verdade, não na areia movediça da ilusão. OK? Agora, diga-me se viu alguma coisa durante a meditação. Viu alguma cor ou campos de energia?

Respondi que não vira nada.

– Isso virá com o tempo – observou ele. – Vamos começar com a primeira lição. Ontem, contei a você que sua missão é ajudar as pessoas a se livrarem do medo. Esta será a base de todas as suas lições enquanto estiver aqui. O medo não é nada mais do que o bloqueio auto-imposto à experiência do amor. Por que ele é auto-imposto? Porque escolhemos ver a nós mesmos de maneira contrária a nossa verdadeira essência. É simples assim. Na verdade, somos a experiência do próprio amor; essa é nossa natureza essencial. O medo é a tentativa de bloquear nossa visão para nós mesmos, de não nos vermos como realmente somos. A humanidade se convenceu de que é fraca, vulnerável e exposta a ataques. A verdade é o oposto. O que Deus criou continua do mesmo modo, à imagem e semelhança de Deus. O que foi criado inteiro não pode ser dividido, mas pode ser percebido de maneira falsa. E este é o papel do medo; perceber a perfeição como imperfeita e ver o que é verdadeiro como falso.

"Você percebe como isso é simples, Jimmy? Na verdade você não é seu corpo, e sim um espírito. Ser criado à imagem e semelhança de Deus não tem nada a ver com o corpo, e sim com a invulnerabilidade da alma. Nós nos identificamos com nossos corpos porque achamos que somos fracos e não fortes. Mesmo a crença de que o corpo está unido à alma não é completamente verdadeira. Em última instância, a alma não tem nada a ver com o corpo, assim como em última instância você não tem nada a ver com a camisa que está usando. Faria sentido dizer, 'eu sou esta camisa e esta camisa sou eu'? É claro que não. Você usa a camisa, do mesmo modo que usa o corpo. Quando acaba de usar a camisa, você a abandona. A natureza da humanidade é expressar-se livremente, não ser limitada pela forma, não ter restrições ou limitações. A necessidade de nos identificarmos como corpos é a decisão de limitar o que não pode ser limitado. A liberdade é o atributo mais verdadeiro do seu espírito, enquanto a servidão é o que define o corpo. Como espírito, você está livre para fazer o que quiser, incluindo perceber a si mesmo como um corpo. Mas você nunca deve se limitar a esta experiência.

– Mas estou num corpo – retorqui. – Enquanto estiver neste mundo, é assim que vou me expressar. Estou preso a esta expressão enquanto estiver aqui.

– Pense desta maneira – disse ele enquanto mudava sua posição no tronco. – Digamos que havia um homem que foi jogado num calabouço escuro e sentenciado a permanecer ali pelo resto da sua vida. O calabouço era sombrio e úmido, e a única ocasião em que via alguém era quando, uma vez por dia, um guarda enorme abria a porta de aço, colocava um prato de comida no chão, trancava a porta e ia embora. O homem apodreceu no calabouço durante anos, pensou que ia ficar louco. Finalmente, tomou uma decisão. Preferia morrer tentando escapar do que passar mais um dia naquela cela. Ele decidiu que esperaria que o guarda trouxesse sua comida escondido atrás da porta de ferro. Quando o guarda abrisse a porta ele o atacaria. Como era muito forte, o prisioneiro tinha certeza de que o guarda ia matá-lo. E estava tudo bem; era melhor do que ser prisioneiro da escuridão para sempre.

"O prisioneiro foi para trás da porta. Ele estendeu os braços e se apoiou contra a maçaneta de metal. Quando tocou na maçaneta, algo estanho aconteceu; ela começou a virar. O peso do seu toque fez com que a maçaneta se movesse e a porta abrisse. Ela não estava trancada. O prisioneiro não sabia o que fazer. Adiantou-se e abriu um pouco mais a porta de ferro. Ela rangeu bem alto. Ele olhou para o corredor e viu o guarda olhando para ele. Foi tudo. O guarda sorriu e fez espaço enquanto o prisioneiro abria a porta, caminhava para a luz, e ficava livre.

"Você compreende o que significa essa história? Você é esse prisioneiro, e o calabouço é o seu corpo. Você acredita que foi sentenciado ao seu corpo como se fosse uma cela de prisão. E contudo, a única coisa que prende você é sua crença de que a cela da prisão está trancada, de que existe um guarda terrível para impedir que você não vá embora, e para garantir que você deva permanecer ali até morrer. Mude sua crença nessas coisas e a porta se abre. Você está livre; na verdade, nunca esteve preso. Seu corpo não é mais do que uma limitação auto-imposta que o impede de experimentar a liberdade.

– Você faz parecer errado a vivência a nós mesmos enquanto corpos – observei.

– De modo algum. Não tem nada a ver com estar certo ou errado. Como espíritos divinos, temos a liberdade de nos expressarmos como quisermos, inclusive sob a forma de corpos. E ainda assim, a escolha de existir dentro de um corpo nada tem a ver com quem você realmente é. Quer você esteja ou não num corpo, a pergunta sempre é: como vamos nos expressar – através do amor ou do medo? Quando vivemos nossa vida para difundir o amor, estamos usando o corpo para expressar quem realmente somos. É isso que os Emissários fazem: usar o corpo como instrumento da verdade em vez da negação. Ensinar pessoas a se liberar do medo é aprender a usar o corpo de uma nova maneira. No passado, você usou o corpo como instrumento de separação, definindo claramente as maneiras como você parece estar separado dos outros. Você agora vai ensinar as pessoas a usar o corpo como veículo de união, demonstrando que separação, medo e morte são sonhos impossíveis.

– Mas o que o corpo tem a ver com liberar-se do medo? – perguntei.

– Você tem medo porque pensa que pode ser atacado. O corpo pode ser atacado. O ego usa o corpo para provar que você é um ser distinto e vulnerável, passível de ser conquistado facilmente. Quando você está consciente do seu estado natural, ou espírito, sabe que isso não é verdade. Você não pode ser atacado porque não está separado de nada. Portanto, não há o que temer. Não existe nada fora ou além de você para atacar ou ferir seu *eu* real. O motivo por que você tem medo é porque esqueceu disso. Você se identificou com seu corpo, em vez de sintonizar com seu espírito. A meta da liberação do medo é lembrar-se da sua individualidade essencial e da sua união espiritual com toda a criação.

"Infelizmente, essa meta parece muito distante quando você se relaciona com o mundo dos corpos e formas. A humanidade precisa de ferramentas ou exercícios diferentes para lembrar-se da verdade e voltar a identificar a si mesma. Lembra-se de quando eu disse que o medo não é nada mais do que um bloqueio à sua vivência do amor? O seu trabalho é ajudar as pessoas a identificar esses bloqueios para que possam entender quem são. Você pode fazer isso de duas maneiras: a primeira é identificando cada manifestação do medo, cada caso ou situação onde o medo se apresente, depois usar uma ferramenta ou técnica para dissolvê-lo. O problema com esse método é que ele leva muito tempo na

identificação de cada pensamento temeroso se esgueirando nos cantos escuros da mente.
"O segundo método é liberar-se do fundamento do medo, ou, em outras palavras, do seu primeiro pensamento temeroso. O pensamento inaugural sobre o qual cada pensamento temeroso subseqüente foi erigido. O primeiro pensamento marca o início da ilusão, o fundamento de um sistema de pensamento ilusório que influenciou e controlou sua percepção do mundo, de si mesmo, de cada irmão e irmã, e de Deus. Escute bem, Jimmy, porque esta é a chave para a eliminação do medo. O primeiro pensamento temeroso, falso e ilusório sobre o qual todos os outros pensamentos se baseiam é simplesmente este: você está separado de Deus. Ao se crer separado de Deus, você criou um mundo onde está separado e é ameaçado por todas as coisas. Se percebemos que o fundamento do medo é falso, então o mesmo acontece com cada pensamento que foi gerado por esse fundamento. Suprima essa crença e tudo que está afixado nela desmoronará. Cada edifício tem uma pedra fundamental. Se a pedra fundamental for removida, o edifício não poderá se sustentar. Não há necessidade de eliminar todos os blocos periféricos de crenças temerosas. Simplesmente elimine a idéia de que está separado de Deus e o sonho da separação se esvai por conta própria.
O fogo estava começando a se apagar. O Mestre se levantou e caminhou até a cabana. Pegou dois pedaços de lenha de uma pilha e colocou-os no fogo. Sentou-se novamente.
– As pessoas são incapazes de compreender como isso é simples – continuou ele. – O método que você vai ensinar, então, estará mais ou menos no meio das duas abordagens que descrevi. Você vai ensinar as pessoas a prestar atenção em seus pensamentos temerosos, mas não vai defini-los ou identificá-los. Em outras palavras, não use seu intelecto para julgar seus pensamentos. Trate-os como energia. Sinta o impacto emocional do pensamento, então canalize a energia numa direção diferente.
"Deixe-me explicar como os Emissários espalham a Luz Divina. Quando as pessoas deixam de julgar seus pensamentos como certos ou errados, bons ou ruins, passam a experimentá-los energética em vez de intelectualmente. Os Emissários usam todos

os seus pensamentos, incluindo aqueles que você chamaria de negativos. Portanto, somos capazes de usar nossos pensamentos totalmente em vez de sermos usados por eles. As emoções podem variar tanto em intensidade, quanto em vibração, mas são sempre nossos pensamentos sobre essas emoções que as fortalecem. Você pode, por exemplo, sentir raiva numa parte do seu corpo e alegria em outra, e a raiva pode parecer muito diferente da alegria. Quando você está zangado seu corpo fica tenso, e quando sente alegria, fica relaxado. Quando os julgamentos e pensamentos sobre essas emoções são esquecidos, elas são vivenciadas apenas como energia.

"Deixe-me ensinar-lhe um exercício. Feche os olhos e imagine a experiência mais feliz, mais alegre de que puder recordar-se. Sinta a intensidade daquela lembrança. Note em qual parte do corpo você sente a emoção. A sensação está no peito? Na sua cabeça? Esqueça as circunstâncias relacionados com a emoção; deixe os detalhes de lado. Não julgue, mas contemple o sentimento, totalmente desapegado. Assim que você tiver feito isso, use sua mente para mover a sensação até a área ao redor do seu peito, a área que chamamos de coração.

Ele fez uma pausa durante um momento, enquanto eu me lembrava do dia em que minha filha nasceu. Lembrei-me de como foi segurá-la em meus braços pela primeira vez. A enfermeira disse que eu devia ficar feliz, porque um menino é sempre um filhinho da mamãe, mas uma menina é sempre a garotinha do papai. O milagre da vida manifestava-se tão forte e vivo naquela criatura pequena e magnífica. Foi o sentimento mais maravilhoso que já experimentei.

– Agora imagine uma pequena porta no centro do seu peito. Imagine que a porta está abrindo, e à medida que ela se abre, seu coração sai fluindo como um raio de luz intensa. Permita que a energia flua para fora de você, um feixe brilhante de luz branca. Não há julgamento ou pensamento conectado a essa luz, nenhum véu ou cobertura. Você está liberando energia, é tudo. Faça isso até que a energia do seu peito tenha se dissipado.

Senti a luz fluindo do meu peito. O sentimento era tanto físico quanto emocional, mas acima de tudo era passional. Quanto menos pensava sobre a experiência, mais intensa ela se tornava.

– Seus pensamentos sobre uma emoção são como um véu que ajuda você a identificar e a definir o que aquela emoção significa para você – continuou ele. – Sua interpretação do caráter bom ou mau, feliz ou triste de um sentimento é uma cobertura que mostra a atitude que você tem para consigo mesmo. Alguém que costuma ser positivo estará mais inclinado a usar o véu da alegria do que o véu da tristeza. Mas por trás de cada um desses véus, cada uma dessas coberturas, está a energia essencial. Esta é a verdadeira experiência, a essência dos seus sentimentos. Liberar seus pensamentos sobre as emoções permite que você vivencie a energia informe e indefinida, na qual toda a criação se baseia.

"Mantenha seus olhos abertos e pense naquilo que o assusta mais. Sinta o medo no seu corpo e imagine-o com o máximo de detalhes que puder. Note onde está o sentimento. No seu estômago, na sua garganta? Agora deixe o pensamento fluir, livre-se da circunstância, mas retenha o sentimento como antes. Sinta-o como uma energia, sem julgar se ele é certo ou errado. Agora use sua mente para mover o sentimento para seu peito e deixe-o aumentar e crescer.

Ele fez uma pausa enquanto eu movia a sensação do meu estômago para meu coração. Assim que me livrei do julgamento, a energia pareceu diferente. A intensidade não mudou, mas a intenção sim. O sentimento não foi diferente de antes – pleno e apaixonado. Então ele mandou que imaginasse a pequena porta e liberasse a luz. Mais uma vez senti o incrível fluxo de energia, como se um grande jorro de água estivesse fluindo para fora de mim. Senti-me revigorado. Não posso dizer que tenha sido uma experiência alegre; tampouco posso dizer que tenha sido negativa. Mas foi energética e apaixonada, como se houvesse gasto uma quantidade enorme de energia psíquica.

– Bem vindo ao mundo dos Emissários da Luz – disse ele com um sorriso. – É isso que fazemos todos os dias durante a sessão. Sabe, energia é energia. Não é positiva nem negativa. O modo como você interpreta a energia está sempre relacionado com aquilo que você valoriza. Quando você libera seus valores, é capaz de usar todas as suas emoções, todos os seus sentimentos, para espalhar energia, ou Luz Divina. Sem julgamentos de valores, seus pensamentos temerosos não são diferentes dos pensamentos alegres. O motivo para levá-los até seu peito é equilibrar e purificar a luz. O coração é o centro da compaixão e amor. A difusão do Amor Divino é em primeiro lugar um trabalho de amor, uma extensão da sua natureza essencial. Não é uma experiência do intelecto. Na verdade, como você já viu, as elucubrações só atrapalham. Livrar-se do julgamento significa abandonar seus pensamentos e confiar em seus sentimentos. Eles são a dinamite que detona a Luz Divina. Quando sua mente está clara, eles se tornam um raio laser que corta a ilusão e engano até alcançar a verdade da criação.

— Foi esta a luz que você perguntou se vi durante a sessão? — indaguei.

— Durante a sessão, os emissários concentram seus sentimentos no centro da roda. Nós limpamos nossas mentes e nos conectamos com a personalidade essencial. Então projetamos a Luz, do mesmo modo como você fez quando imaginou a porta no seu coração. A Luz viaja pelos aros da roda e é energizada pelos símbolos. Como isso acontece não é importante. O que os Emissários fazem é único, mas não está distante do que você vai ensinar. O método que descrevi vai ajudar as pessoas a se liberarem do medo que está bloqueando sua expansão do amor, para depois usarem essa energia para sua transformação pessoal. Toda vez que você pratica essa técnica, emite um feixe de energia da vida que revitaliza o despertar da humanidade. Quanto mais pessoas aprenderem a se liberar do medo e a convertê-lo em Luz, mais rapidamente a passagem da humanidade para o próximo estágio da evolução acontecerá. Esta liberação do medo é a chave, e é nisso que seu ensinamento vai se concentrar.

Ele se ergueu e fez sinal para que eu o seguisse. Nós caminhamos pela densa floresta, seguindo um caminho, antes despercebido, que levava para longe da comunidade. O Mestre nada disse enquanto caminhávamos. Eu queria dizer algo, mas então me lembrei sobre o que Duro dissera sobre fazer uma coisa de cada vez. "Quando estiver caminhando... caminhe", disse. Eu pensei sobre tudo que estava aprendendo. Parecia que eu estava recebendo um curso-relâmpago sobre iluminação, como se dispusesse de pouco tempo para aprender essas lições. E era assim que devia ser. Eu não sabia o que eles tinham em mente, mas certamente não ia continuar escondido nessa floresta para sempre. Parte de mim estava animada com essa oportunidade, mas a outra parte estava apavorada com minha falta de controle. Eu não poderia ir embora mesmo que quisesse; seria impossível voltar sozinho para o carro. Mesmo que quisesse, não conseguiria esquecer onde estava. O Exército Sérvio estava a apenas algumas milhas de distância, e eu não me sentia particularmente tentado a encontrá-los no caminho.

Nós caminhamos mais de uma hora em silêncio. Passamos a maior parte desse tempo subindo uma montanha. De vez em quando atingíamos alguma clareira e eu podia ver o vale lá embaixo. Onde ele estava me levando? Não ousava perguntar. O chão estava ficando escorregadio e rochoso. Eu tinha que prestar atenção onde pisava para não torcer o tornozelo. O ar era frio e úmido. Aspirei fundo o ar da montanha. Então chegamos ao que parecia ser o topo. Era uma visão impressionante, com verdes colinas até perder de vista.

– Você está na Bósnia agora – disse ele finalmente. – Contudo, isso depende da pessoa com quem esteja falando. Na opinião da Sérvia, não existe a Bósnia. Mas para o resto das pessoas, esta montanha está bem na fronteira. Este é o motivo de tanta luta, quem está de que lado da montanha. Centenas de milhares de pessoas foram mortas ou exiladas por causa de uma linha no chão. Pelo menos, é isso que eles dizem. O verdadeiro motivo é que eles estão com medo. Eu digo uma coisa e você diz outra. Um de nós tem que estar certo e o outro tem que estar errado. Agora estamos competindo. Se você não está disposto a admitir que está errado, então vai haver problemas. Nós dois sacamos as facas e a luta começa. Tudo isso porque temos medo um do outro. Temos medo de deixar todas essas diferenças de lado e ficarmos juntos. Apegar-se ao medo torna-se mais importante do que reconciliar nossas diferenças.

Ele me pegou pelo braço e fez com que andasse algum passos.

– Você está na Croácia.– Ele deu um passo para trás. – E eu estou na Bósnia. Estamos em dois países diferentes. Temos governos e leis diferentes, muito embora possamos estar afastados apenas alguns centímetros. Podemos escolher a amizade ou podemos ser inimigos. Neste caso, somos amigos porque temos um inimigo comum – a Sérvia. Mas até alguns anos atrás, éramos todos iguais – iugoslavos. Isso tudo mudou, e temos que tomar novas decisões. Parece loucura, não é? A verdade é que todos nós fazemos a mesma coisa de maneira mais ou menos sutil, quando imaginamos que estamos separados uns dos outros. Enquanto imaginarmos que somos diferentes, países diferentes como corpos diferentes, nunca conseguiremos conviver pacificamente.

"Se você deseja trazer a paz, precisa ajudar as pessoas a se liberarem do medo, especialmente daquilo que mais temem – nós mesmos. Está na hora de o ser humano recordar, Jimmy. Está na hora de cada pessoa despertar e perceber como somos sagrados. É isso que significa eliminar o medo. Será que precisamos de mais linhas no chão como esta? Do que realmente precisamos é nos livrar das linhas que traçamos dentro de nós. Nós costumamos nos separar de tudo, simplesmente porque não estamos dispostos a ver quem realmente somos. Os Emissários estiveram segurando a luz por um longo período, mas agora está na hora da humanidade assumir a responsabilidade por si mesma. Quanto tempo podemos continuar destruindo uns aos outros desse modo? O medo faz surgir a crueldade, mas o amor traz a compaixão. Qual dos dois escolheremos? Acredite em mim, Jimmy, essa escolha está acontecendo agora mesmo.

Ficamos sentados no topo da montanha durante pelo menos uma hora. Do que mais me lembro era a certeza na sua voz. A humanidade estava na fronteira de algum incrível despertar, do mesmo modo que eu e o Mestre estávamos sentados ali, um de nós na Bósnia, o outro na Croácia. Era como se estivéssemos em dois mundos diferentes. Comecei a perceber, no entanto, que os dois mundos estavam prestes a se unir.

OITO
O segredo da cura

ORAÇÃO DE NATIVOS AMERICANOS PELA PAZ

*Oh Grande Espírito de nossos Ancestrais,
eu ergo meu cachimbo a vós, a
vossos mensageiros, os quatro ventos,
e à Mãe Terra que tudo provê
para seus filhos.
Dê-nos sabedoria para ensinar nossas crianças
a amar, respeitar e serem gentis
umas com as outras para que cresçam
com a paz em suas mentes.
Ensina-nos a dividir todos os bens que
nos proporcionais nesta Terra.**

– SEMENTES DA PAZ

---

* *O Great Spirit of our/ Ancestors, I raise/ my pipe to you./ To your messengers the four winds, and/ to Mother Earth who provides/ for your children./ Give us the wisdom to teach our children/ to love, to respect, and to be kind/ to each other so that they may grow/with peace in mind./ Let us learn to share all good things that/ you provide for us on this Earth.*

Apesar da luz da lua estar encoberta pelas nuvens, corri pela trilha que leva à casa de meditação. Estava ansioso para começar. Minha primeira lição despertara algo expansivo dentro de mim. As doze horas de meditação estavam produzindo seus efeitos, e o período passado com o Mestre deu vida a tudo. Um perfeito equilíbrio.
    Na sessão seguinte, tentei ficar o mais alerta possível. Estava decidido a seguir as instruções do Mestre ao pé da letra. Algo já havia mudado dentro de mim, uma súbita certeza sobre essa missão e sobre o ato de ensinar. A certeza parecia se aprofundar e amadurecer a cada dia. Não era algo que eu pudesse definir com clareza, mas certamente uma experiência interna que transcendia a razão, dotada de impecável clareza. Esta certeza se transformou no fruto de tudo o que aprendi com os Emissários.
    A sessão foi decorrendo de forma semelhante ao dia anterior. As horas se sucediam suavemente, com a energia me elevando e conduzindo minha meditação a alturas inimagináveis, enquanto eu permanecia presente, sabendo perfeitamente quem era, onde estava e o que fazia. Lembrei-me do que o Mestre dissera sobre ver luzes durante a sessão. De vez em quando, olhava ao redor da sala, tentando descobrir o que ele queria dizer. Eu tinha consciência de uma névoa de luz que parecia se posicionar sobre a roda, a mesma névoa que Duro havia mencionado antes. Mas podia ser um truque, uma falsa aparência de luz, ou então uma nuvem de incenso. Eu não tinha certeza. Quando a sessão estava quase no final, ouvi de novo, em minha mente, o canto familiar: "Não busque a paz aqui, encontre-a em toda parte. Não busque a paz aqui, encontre-a em toda parte."

Quando a sessão terminou, fui caminhar na floresta antes do almoço. Segui a estrada até quase o final, e depois me embrenhei pelo mato, até sentir que já estava bem longe das habitações. A profunda paz experimentada durante a sessão permaneceu comigo por várias horas. Andei sem pensar, apenas desfrutando do profundo silêncio dentro de minha mente. De repente, avistei uma cabana, cerca de vinte metros à minha frente. Pensei que talvez tivesse saído da propriedade da comunidade. Parei, indeciso, pensando se deveria voltar.

– Alô – disse uma voz feminina vinda de trás da cabana. – Pode chegar mais perto, se quiser. – Uma das Emissárias femininas, uma mulher idosa, apareceu.

– Desculpe. Não tinha a intenção de invadir sua privacidade.

– Isto seria impossível – disse ela sorrindo. – Estou feliz que esteja aqui. É bom conhecer aquele que vai levar os ensinamentos dos Emissários para o mundo. Meu nome é Kira.

Eu me apresentei. Não consegui identificar sua nacionalidade pelo sotaque, mas, como todos que conhecera ali, tinha um inglês perfeito. Ela havia se sentado em frente a mim, do outro lado da roda, durante a sessão. Seus olhos pareciam oceanos quentes e azuis, irradiando amor e compaixão.

– Você é muito mais jovem do que imaginei – disse ela –, mas deve ser um aprendiz muito esperto, já que foi escolhido para esta tarefa. Não temos muito tempo para que você aprenda nossos hábitos. O momento em que as pessoas farão suas escolhas está bem próximo: liberdade ou limitação. Na verdade, fazemos esta escolha a cada instante. A energia está se acumulando, e depois que o momento chegar não haverá como interrompê-lo. Alguns considerarão a mudança positiva, outros negativa. Como tudo, é uma questão de perspectiva. Vemos o que queremos ver.

– Por que é tão importante que eu ensine estas coisas? – perguntei.

– Por duas razões. A primeira é que as pessoas precisam se desapegar de seu medo para poder dar o próximo passo no despertar global. O segundo é que a energia gerada por um número maciço de pessoas aprendendo a canalizar a Luz Divina permitirá que a humanidade vá além da *aparência* de mudança, atingin-

do o que é realmente imutável dentro de si. Esta é a alteração de perspectiva de que falamos. Não é uma mudança para a escuridão, como pensa a maioria das pessoas, mas para a luz. A luz e a escuridão são realmente questões de perspectiva. Por exemplo, muitas variedades de corujas podem enxergar claramente à noite, e não tão bem durante o dia. Seus olhos simplesmente não funcionam bem de dia. A luz que mencionamos é uma mudança de perspectiva, em direção à verdade, para longe da ilusão da separatividade, para a realidade da unidade.
– E quando exatamente tudo isso vai acontecer? – perguntei.
– Muito breve. Quase todos no planeta já notaram as mudanças, tanto na consciência quanto no meio ambiente. É claro que as mudanças no meio ambiente simplesmente refletem as mudanças da consciência. A expressão do medo tem sido mais forte do que nunca, mas o mesmo tem acontecido com o amor. Estas energias parecem estar se movendo em direções opostas. Às vezes dá a impressão de que o mundo vai rachar no meio. Mas o despertar espiritual que você viu é apenas o começo. À medida que mais e mais pessoas decidem renunciar ao seu medo e viver no amor, ocorrerá um despertar como o universo nunca viu. Já está tudo pronto para acontecer. Mas os andaimes precisam ser removidos antes que possamos enxergar o interior do magnífico templo. Os afrescos foram pintados, mas não podemos apreciá-los até a remoção dos andaimes. Esse processo de remoção pode parecer violento e traumático, mas é necessário para que se veja a beleza do templo. É por isso que é tão importante que as pessoas aprendam sobre a Luz Divina, porque isso lhes ensina quem realmente são.

    A forma como Kira descrevia a verdade era linda e poética. Ela seria o único outro Emissário que eu conheceria, além do Mestre. Lembrei-me que se quisesse fazer uma refeição antes da lição do dia, seria preciso correr. Agradeci a Kira e voltei à estrada por onde viera.

    Naquela tarde, encontrei o Mestre trabalhando em uma pequena horta ao lado da trilha que conduzia à sua cabana, em um canteiro pequeno e ensolarado. Ele estava arrancando mato com um ancinho. As fileiras eram retas e ordenadas. A horta ocupava mais ou menos dez metros quadrados, com plantas altas e saudáveis por toda a parte. Quando me viu chegando, ele descansou o ancinho e ficou de pé.

– Venha ver minha horta – disse ele com a energia típica dos entusiastas. – As estações aqui não são muito diferentes das dos Estados Unidos. Você pode ver que as plantas crescem muito bem aqui. Eu só gostaria de ter algumas mudas de tomate. Estou acostumado a plantar tomates, quero dizer, fazia isso antes de vir para cá. Nada melhor do que tomates frescos do jardim.

– Conte-me um pouco de sua vida antes de se tornar Emissário – disse eu. – Tudo o que sei é que você é dos Estados Unidos.

– Isso é quase como perguntar sobre uma vida passada. Quando vim para cá, tudo isso desapareceu. Minha família se foi, meus negócios terminaram, e eu me encontrei aqui.

– Mas o que o trouxe aqui?

– A roda me trouxe. Foi há quase dez anos, antes da guerra, quando isso aqui ainda era a Iugoslávia. Eu vivera em Ohio a minha vida inteira. Tive uma família, mas nessa época eles já haviam partido. Meus dois filhos ficaram adultos e se mudaram para longe. Minha mulher morrera cinco anos antes, em um acidente. Minha vida era bastante previsível: eu ia trabalhar, e depois voltava para casa. Não tinha muitos amigos, só um cachorro velho chamado Sam. Não estava satisfeito nem insatisfeito. Simplesmente vivi desta maneira por vários anos.

"Nunca fui uma pessoa religiosa, mas sempre houve algo dentro de mim que permanecia conectado e pleno. Li todos os clássicos espirituais e inclusive passei um mês na Índia. Tudo sempre me pareceu muito natural. Então comecei a ter um sonho recorrente, sobre uma roda com doze raios. A roda girava e tentava me envolver. Eu corria, me escondia, fazia tudo o que podia para me afastar daquela roda. Finalmente, um dia, fiquei quieto. Quando a roda se aproximou de mim, tive um sentimento de grande paz, e em seguida ela caiu em cima de mim, deixando-me bem no centro. Depois disso, todas as noites eu sonhava o mesmo sonho, que estava sentado no meio da roda meditando. Nada mais.

Então um dia me encontrei em um avião vindo para a Iugoslávia. Não tinha certeza de por que estava aqui, apenas sabia que

era fascinado por esta cultura, e que nos Estados Unidos tivera vários amigos desta região. Aterrissei em Belgrado, e passei uma semana viajando pelo país. Uma coisa foi levando à outra, e comecei a vagar, sem saber muito bem aonde estava indo, apenas me sentindo conduzido e inspirado. Acabei chegando aqui – novamente, sem saber muito bem como. Os outros doze estavam me esperando quando cheguei, sentados ao redor da roda. Entrei na sala, a seguir entrei dentro da roda, sentei-me no centro. Nada foi dito ou feito. Naquele instante, tudo aconteceu. Eu não precisava que ninguém me dissesse o que tudo aquilo significava nem o que devia fazer. Este era o momento para o qual eu fora preparado durante toda a minha vida, e quando ele chegou, entendi tudo."
Eu não sabia o que dizer. Me identifiquei muito com sua história, como se eu também tivesse sido misteriosamente conduzido a este lugar. Sentira-me atraído por esta parte do mundo durante mais de um ano. Estava quase obcecado com a idéia de atuar na Bósnia e na Croácia. O convite e tudo que precedeu minha chegada à comunidade também eram muito misteriosos. E quando pus o pé na casa de meditação, foi como se tudo se encaixasse no lugar certo. Eu me preparara para isto durante toda a minha vida. Tudo o que o Mestre me ensinou, todos os conceitos e exercícios, era como se eu estivesse apenas me lembrando de tudo, não ouvindo aquilo pela primeira vez.
– É claro que você se sente assim – disse o Mestre, lendo meus pensamentos. – Como poderia ser de outra forma? Você foi trazido aqui exatamente como eu. Escolhemos estes papéis antes do início dos tempos, e foram feitos contratos, não apenas entre nós, mas também com o mundo. Cada um de nós tem um papel ou um propósito sagrado a cumprir, mas a tarefa de qualquer um nunca é mais importante do que a dos outros. Às vezes pode parecer que uma tarefa seja mais essencial ou mais crucial do que as outras, mas o fato é que todos nós temos a mais importante de todas as tarefas: nos lembrarmos de quem somos. O resto é como os papéis em uma peça: quando no palco, talvez um personagem tenha mais falas a dizer do que outros, mas quando a peça termina todos vão para o camarim tirar a maquiagem. Somos apenas atores no palco do mundo.

– Então este papel, de vir até aqui e conhecer você, eu escolhi em algum nível profundo, do qual não tenho consciência. É isso que está dizendo?
– O que estou dizendo é que escolhemos o que nos acontece. Tudo o que você fez – todos os eventos, as lições, os erros, os sofrimentos – o conduziu a este momento. Você está aqui por causa de sua vontade de descobrir e propagar a verdade. Mas não pense que seu papel é mais importante ou mais essencial do que o de outras pessoas. Tudo o que você faz é mais um passo na direção de seu despertar. Perceba que eu disse *seu* despertar. Seu trabalho não é despertar as outras pessoas, mas abrir os próprios olhos para a verdade, que sempre esteve diante de você. Você não pode ser curado até despertar e perceber que não há nada para curar. Isso faz sentido para você? A cura é enxergar por trás das máscaras que o ego usa para esconder a verdade.

"Imagine que alguém chegou perto de você usando uma máscara feia e lhe pediu que curasse uma mancha horrível na superfície do plástico. O que adiantaria, para aquela pessoa, se você pegasse uma lata de tinta e pintasse por cima da mancha? A mancha não é o problema, a máscara o é. A cura ocorre quando você olha além da máscara, olha o que está por baixo. O lindo rosto que está embaixo não foi afetado pela mancha no plástico. Mas você provavelmente não saberá disso até ser capaz de enxergar além da própria máscara e saber quem realmente é. Emissários são pessoas que reconheceram as máscaras que usam e puderam enxergar através delas. Só então eles passaram a olhar por trás da máscara dos outros, sem julgar, e mostrar a beleza que nunca deixou de existir. Esta é a verdadeira função da cura."

– Existe tanta conversa sobre cura e iluminação nos Estados Unidos – disse eu. – Todos parecem estar procurando o que você disse, mas a maioria ainda continua muito infeliz. Eles lêem livros, vão a *workshops*, até mesmo se mudam para lugares que supostamente ensinam sobre a paz e a verdade. Mas isso tudo parece ser apenas uma distração.

– Ouça, Jimmy, não existe essa coisa de não conseguir o que se quer. Você pode não receber aquilo que imaginou ter pedido, mas sempre recebe o que deseja. O trabalho do ego é confundir e distrair a pessoa. A espiritualidade pode ser usada para negar a verdade com a mesma facilidade que para afirmá-la. É por isso que honestidade é tão importante. É preciso ser capaz de olhar honestamente para as suas motivações – todas as diversas formas que você usa para se esconder atrás de seu medo, não enxergando a verdade por trás da máscara. Quando realmente desejar paz, paz será tudo o que você experimentará. Quando você realmente quiser amor, amor será tudo o que verá. O princípio da honestidade é olhar para o que você está experimentando agora mesmo e perceber que é exatamente o que você pediu. Isto é provavelmente a coisa mais difícil que qualquer um de nós terá de fazer. Gostamos de pensar que as coisas que nos acontecem estão totalmente fora de nosso controle. Nada está fora de nosso controle. Somos vítimas somente da nossa recusa em experimentar amor. A honestidade é o começo do retorno ao amor. É o primeiro passo na realização de nosso poder enquanto espíritos divinos.

"Vou contar uma história que vai ajudá-lo a entender. Era uma vez um grande mestre, que tinha muitos discípulos devotados ao aprendizado da verdade. Um dia, um aluno foi ao Mestre e disse, "Mestre, tudo o que desejo é ter a sua paz. Por favor, ensine-me o segredo de sua iluminação." O Mestre levantou-se e foi embora sem dizer uma palavra. Uma semana mais tarde, o mesmo estudante chegou diante dele e disse, "Mestre, tudo o que quero é ser iluminado como o senhor. Por favor, não esconda o segredo de mim." Novamente o Mestre voltou as costas para o aluno. Depois de mais uma semana, o estudante disse, "Mestre, eu sei que o senhor possui o segredo que busco. Não descansarei até que o senhor o revele para mim." Desta vez o Mestre pediu que o aluno o seguisse até o rio. Então, tirou as roupas e entrou na água, convidando o jovem a fazer o mesmo. O jovem pulou no rio, mas antes que conseguisse colocar os pés no fundo, o Mestre o agarrou e o segurou debaixo d'água. O aluno se debateu e lutou, mas o Mestre era mais forte. Finalmente ele soltou o estudante, que emergiu lutando para respirar. Depois de um instante, o Mestre disse: "Quando estava embaixo d'água, qual era o seu único pensamento?" O estudante limpou os olhos e respondeu: "Respirar. Tudo o que eu queria era ar." O Mestre então olhou profundamente nos olhos do jovem e disse: "Quando você desejar iluminação tanto quanto desejou ar, eu não precisarei lhe dizer nada. Você me dirá."

O Mestre se ajoelhou e continuou a mexer na terra.

– Pegue a enxada e me ajude com este mato aqui – disse ele. Fiz o que pediu, escavando com cuidado ao redor dos pimentões. Ficamos em silêncio por vários minutos. Era bom trabalhar com a terra e sujar as mãos. Era o estilo simples de vida que eu tanto amava, mas que havia esquecido depois de viver na cidade. Seria fácil ficar para sempre neste lugar. O mundo e seus problemas estavam bem longe, ainda que estivéssemos no meio de uma zona de guerra. Ali era muito fácil esquecer de tudo. Mas os Emissários não haviam esquecido. Eles não trabalhavam para esquecer do mundo, mas para se ligar a ele de uma forma mais íntima.

– O trabalho dos Emissários pode ser resumido em três palavras – disse ele por fim. – Simplicidade, Paciência e Compaixão. Propagar a Luz Divina é a culminação destes três pontos. Você precisa começar a absorvê-los, se pretende aprender as lições daqui. Eles compõem os três lados de uma verdade simples. Tudo o que estou lhe ensinando vai levar, em última análise, a essas três idéias. É importante que você compreenda o que realmente significam.

"Olhe para esta horta. As três verdades estão presentes aqui. As plantas são simples – são plantas comuns, que existem em toda parte, entretanto cada uma delas é linda, e capaz de produzir um alimento que irá nos nutrir e sustentar. Mas, para que a planta possa fazer isso, ela precisa seguir o próprio ciclo. Todos os elementos do fruto estão contidos na memória silenciosa da semente. Sua paciência faz com que no devido tempo o alimento floresça. E ao longo de todos esses ciclos a planta é nutrida pela compaixão: você e eu, ajoelhados aqui, falando com ela, arrancando o mato que lhe rouba energia vital, um amor que encoraja a planta a amadurecer rapidamente e a produzir um fruto saudável e delicioso.

– Isto é semelhante ao que os Emissários fazem pela humanidade – disse eu, inclinando-me, enquanto puxava cuidadosamente uma erva daninha aninhada entre duas plantas.

– Certo – disse o Mestre. – É a mesma idéia. A simplicida-

de de nosso trabalho está na compreensão de que o resultado está garantido. Tudo terminará em amor porque tudo foi criado no amor. Nosso trabalho é simplesmente acelerar um resultado garantido. Mas, apesar disso, o despertar só surge na mente quando esta consegue se liberar do medo, abrindo os olhos para a verdade. É um processo que não pode ser acelerado, porque fazer isso provocaria mais medo e atrasaria o despertar. Imagine que você esteve sentado em um quarto escuro durante muitas horas. Entrar de repente em um lugar iluminado seria traumático. Portanto, os Emissários pacientemente conduzem a humanidade para fora da escuridão e para dentro da Luz, exatamente como se faz com uma criança que tem medo.
– É isto que está acontecendo com o mundo? Estamos lentamente sendo conduzidos para a Luz?
– Lembre-se que estes são apenas conceitos, mas, de certa forma, sim. A Luz está dentro de você, Jimmy, não em algum lugar lá fora. Você está sendo conduzido de volta para si mesmo. Agora, eis uma idéia um pouco mais complicada: O mundo também está dentro de você. Todas as suas atitudes, reações, a forma como vê o mundo, tudo isto está dentro de você, neste exato momento. Será que existe mesmo um universo físico com corpos, casas e jardins? Você acredita que sim, e é isso o que importa. Se isto é um sonho, ou uma ilusão, é irrelevante, porque o que importa é o que você acredita. É neste ponto que devemos começar – com aquilo em que você acredita.
"Não existem duas pessoas que enxerguem o mundo da mesma forma. Sua percepção do mundo é diferente da minha. Nem sequer enxergamos o mesmo mundo físico. Ou seja, o que vemos com nossos olhos é sempre determinado pelo que acreditamos. Lembro-me de ter lido a respeito de uma pesquisa onde criaram uma ninhada de gatinhos em uma sala onde só havia linhas verticais. Quando cresceram, os gatos foram levados para uma sala onde só havia linhas horizontais. Eles batiam nas paredes, esbarravam nos objetos, derrubavam tudo o que era horizontal, porque só podiam enxergar o vertical. Tudo o que você vê e em que acredita só está lá porque você acredita. Você não imagina o quanto está perdendo, simplesmente por não ter um padrão

de referências mais amplo. Quando abrir mão do seu medo, vai começar a ver as coisas de outra forma. Aquilo que sempre esteve diante de você de repente vai lhe parecer vivo.
"Mais uma vez, voltamos ao problema de liberar-se do medo. Você percebe que esta é a lição essencial? Felicidade, alegria e liberdade estão diante de você aqui e agora, esperando por sua aceitação. Você passou sua vida com antolhos, com medo de olhar em volta e descobrir aquilo que sempre foi seu. Liberar-se do medo é tudo o que é necessário para resgatar a liberdade. Tudo o que sempre desejou já lhe pertence. Está na hora das pessoas entenderem como isso é simples."
Naquele dia, trabalhamos no jardim por muitas horas. Eu estava contente por ele se relacionar comigo de forma tão aberta, não parecendo a pessoa mística e inatingível que Duro descrevera. Ele era engraçado e fácil de conversar. Apesar de evidentemente não estar disposto a discutir o passado, gostei de ouvir o que tinha a contar. Fez-me sentir mais próximo dele, como se fosse real e pudesse se relacionar comigo. Fui embora quase na hora do jantar. Quando me afastei, ele ainda estava ajoelhado, cuidando de cada planta naquela horta como de um filho.

Os dias se passaram rapidamente. Eu me acostumara com os horários e o estilo de vida da comunidade, e de vez em quando esquecia que perdera o avião para a Itália e que queria voltar para casa. A sessão transformou-se na parte mais importante do dia, seguida pelos encontros com o Mestre. O resto do tempo eu passava sozinho ou conversando com meus amigos, ou com os assistentes. De todos os assistentes, conversava mais com Toni. Gostava muito de sua personalidade simpática e acessível. Apesar dele nunca se exibir, nem dizer o que sabia, eu sentia sua força e sua clareza. Era um exemplo de integração perfeita. O *Tao Te Ching* diz, "Aquele que realmente sabe não fala, e aquele que fala não sabe". Estas palavras sempre me faziam pensar em Toni. Ele não tinha necessidade de demonstrar o quanto sabia e compreendia, mas era evidente que sua mente já havia investigado a profundidade de tudo o que eu estava aprendendo.

Um dia, antes de minha sessão com o Mestre, Toni e eu fomos dar um passeio pela floresta. Andamos uns vinte minutos até chegarmos a uma colina íngreme. Toni não disse uma palavra. Olhou por cima do ombro, para ter certeza que eu continuava atrás dele, e começou a subir. A montanha estava cheia de pedras soltas e moitas espessas de capim. As árvores eram jovens e flexíveis, e eu as usei para me apoiar, à medida que a subida foi ficando mais perigosa. Parecia que Toni estava acostumado a subir sempre ali. Rapidamente, chegou no topo e ficou de pé, me esperando.

– Eu gosto de subir – disse ele sem demonstrar a mínima falta de fôlego. – Venho sempre aqui, é um bom exercício.

– Onde estamos indo? – perguntei, quando consegui chegar no alto.

– Você vai ver. Tem uma coisa que quero lhe mostrar.

A encosta nivelava-se neste trecho, e Toni começou a caminhar de novo. Levei um instante recuperando o fôlego, mas não deixei que se adiantasse demais. Bastava olhar para Toni para ver que estava em boa forma. Era alto e magro, e seu cabelo curto e escuro lhe dava um ar de atleta croata. Imaginei que tivesse mais ou menos a mesma idade que eu, uns trinta e poucos anos, mas nunca perguntei. Ele usava camiseta e calças de correr. As calças jeans que eu usava na verdade dificultavam a escalada.

Depois de alguns minutos, ouvi um som diferente à minha frente. O vento soprava nas árvores por cima de nossas cabeças, o que tornava difícil identificar a origem do som. Logo chegamos a um penhasco, de onde se podia ver todo o vale. Ao longe enxergava-se o telhado da casa de meditação, aparecendo entre as árvores. Toni segurou meu braço e apontou para a esquerda. Havia uma linda cachoeira não muito distante, precipitando-se encosta abaixo por uns trinta metros, até atingir o chão. Era uma vista linda. Novamente Toni se dirigiu para a floresta, e eu o segui. Andamos rapidamente ao redor de árvores e arbustos, em direção à cachoeira. O som foi ficando mais forte. Alguns minutos depois estávamos de pé no topo, bem perto da beirada do penhasco. A água se aproximava da queda quase em silêncio, e depois despencava ruidosamente pela enorme parede, emitindo um ronco semelhante a um trovão ao rebentar lá embaixo.

Ficamos lá por vários minutos apreciando a beleza do lugar. Ele fez um gesto para eu me sentar a seu lado, em uma grande pedra a poucos metros dali.

– Quero lhe ensinar uma coisa – disse ele. – Sei que você tem consciência do canto que os Emissários transmitem todos os dias no final da sessão: 'Não busque a paz aqui, encontre-a em toda parte.' Eles transmitem um pensamento. Basicamente, o que acontece é que você lê as mentes deles. Assim que chegou, eu lhe disse que isso era muito comum por aqui. Na verdade, é uma parte importante do meu trabalho de assistente. É muito fácil ouvir os pensamentos transmitidos pelos Emissários, porque as suas mentes são muito fortes. Eu quero lhe ensinar a ouvir os pensamentos mais silenciosos, do tipo que você e eu poderíamos projetar. Acredito que isto ajudará você em seu trabalho.

Fiquei entusiasmado com a oportunidade. Era espantosa a capacidade dos assistentes de ler pensamentos, e eu já me perguntara se não poderia desenvolver tal capacidade.

– A primeira coisa que você deve aprender é a arte da observação – continuou Toni. – As pessoas projetam seus pensamentos de diversas formas. Algumas são muito sutis, outras um pouco mais óbvias. Por exemplo, a maioria dos pensamentos vem acompanhada de uma reação física. Se você tiver um pensamento feliz, você sorri. Se estiver triste, franze o cenho. Existe também uma variedade de pistas sutis que fornecemos uns aos outros, e estas não são tão óbvias. Se estou evitando responder a uma pergunta, olho para outro lado. Se estou mentindo, minhas pupilas dilatam. O primeiro passo para sintonizar os pensamentos da outra pessoa é observar estas reações.

Ele me pegou pelo braço e pediu-me para ficar de pé. A seguir conduziu-me a uma área que tinha dez árvores crescendo em linha reta.

– Está vendo estas árvores? – perguntou. – Quero que você pense em uma delas.

Escolhi a terceira a partir da esquerda.

– Agora quero que mantenha este pensamento em sua mente e fique atrás de mim. Quando eu começar a andar, siga-me por onde eu for.

Sem hesitação, e seguido por mim alguns passos atrás, Toni caminhou diretamente para a árvore que eu escolhera.
– Isso é espantoso – disse eu. – Como fez isso?
– Você me disse exatamente aonde ir, não apenas com a mente mas com o corpo. Na verdade eu não estava ouvindo seu pensamento. Eu queria demonstrar como isto pode ser feito estritamente com as sutis pistas do corpo. Várias coisas que você fez indicaram qual era a árvore. Por exemplo, logo antes de eu dar o primeiro passo, você olhou rapidamente para a terceira árvore a partir da esquerda. Em seguida seus olhos evitaram a árvore, conscientes do que tinham feito. O corpo não mente, nem guarda segredos. Se você souber o que está procurando, sempre saberá o que alguém está pensando.
– Agora é sua vez. Tente. – Eu escolhi uma árvore. – Para facilitar as coisas, você pode tocar o meu braço. Não pense em nada, simplesmente preste atenção ao meu corpo. Ele vai lhe dizer exatamente o que quer saber. Preste atenção à tensão, e à direção que a mão que está caída aponta. Abra sua mente e deixe que ela lhe mostre o que estou pensando. Quando estiver pronto, comece a andar e eu o seguirei.

Dei um passo à frente mas mantive a mão no pulso de Toni. Não havia nada em seu corpo que pudesse me indicar a árvore escolhida. Ele deu um passo atrás de mim. Andei para um dos lados da linha de árvores, e a seguir virei, para que ele tivesse que passar por cada árvore. Observei seus olhos, senti o braço. Nada. Então, de repente, alguma coisa aconteceu. Não tenho certeza do que foi, talvez uma piscada ou um leve suspiro, mas senti alguma coisa. Parei na sexta árvore.
– É esta a árvore?
– Excelente, Jimmy. Você passou na primeira prova. Você percebeu que sua mente não é capaz de registrar conscientemente todas as pistas, mas que, quando se permite observar tudo de forma aberta e não discriminatória, você consegue caminhar diretamente para a árvore. Esta é a chave: confiar em seus sentimentos e deixar o subconsciente prestar atenção às pistas físicas. Confie sempre na intuição. Você é capaz de observar e pro-

cessar uma quantidade enorme de informações, mas ao se restringir às informações conscientes estará se limitando. Vamos tentar agora uma coisa mais difícil. Vou pensar em uma árvore lá longe, na floresta. Já escolhi uma. Se seguir as mesmas regras, não será mais difícil do que da outra vez. Comece quando quiser.

Comecei a andar na direção da floresta, afastando-me da beirada do penhasco. Quando toquei levemente em seu pulso, Toni seguiu-me. Minha mente estava aberta. Tentei não pensar em nada, apenas funcionar de forma automática, seguindo a intuição. Depois de dar cinco ou seis passos para dentro da mata, tive uma vontade forte de dobrar para a direita. Ao fazer isso, senti Toni relaxar, como se estivesse contente com a minha escolha. Caminhei lentamente, prestando atenção em meus sentimentos e em quaisquer pistas que pudessem vir dele. Logo depois, achei que tinha ido longe demais. Não sei o que me fez pensar isso, mas quando dei a volta para retornar pude sentir o alívio de Toni. Três passos depois, percebi que Toni olhou rapidamente para a direita. No mesmo instante, senti-me compelido a olhar naquela direção. Nós nos viramos, e caminhei em linha reta por trinta segundos. De repente senti uma vontade imperiosa de parar. Ao fazer isso, escutei Toni inspirando com força. Havia três árvores grandes diante de nós. Olhei para cada uma delas. Quando olhei para a terceira árvore, senti um calor na mão, como se o pulso de Toni tivesse ficado mais quente. É claro que isso era impossível, mas interpretei como um sinal.

– A terceira árvore – disse eu. – Foi essa que você escolheu.

Toni deu um passo atrás e sorriu.

– Você tem talento natural para ler mentes – disse ele. – Talvez algum dia você seja um assistente. Fez tudo direitinho. Eu podia sentir você liberando os pensamentos e confiando na intuição. Pratique este exercício e logo conseguirá captar pensamentos mais específicos. É o mesmo processo, liberar e confiar. Quanto mais você praticar, melhor se tornará.

Repetimos nossa brincadeira mais algumas vezes antes de decidirmos que era hora de voltar para a comunidade. Eu estava feliz por ter começado a aprender uma nova habilidade. Perguntei-me se seria tão fácil assim ler as mentes das pessoas. Talvez Toni fosse tão experiente em transmitir pensamentos quanto em lê-los. Estava ansioso para praticar com meus amigos.

Quando voltei à casa, os outros estavam lá, descansando. Todos os meus amigos haviam encontrado um lugar para si naquela comunidade. Duro sentia-se em casa, confortável com todo o mundo. Nadina e Gordana passavam muito tempo na companhia das mulheres. Ajudavam a preparar as refeições e faziam várias tarefas comunitárias. Snjezana parecia passar todo o tempo com os assistentes masculinos. Isso não me surpreendia, porque Snjezana nunca me parecera tímida nem reservada. Era uma mulher forte e me perguntei se ela também estava sendo preparada para algum papel neste drama.

Eu passava muito tempo refletindo sobre o que estava aprendendo com o Mestre. Apesar de nunca achar que ele seguia uma progressão lógica, tudo o que ensinava estava interligado por um cordão. Embora nossas conversas em geral fossem espontâneas e não planejadas, todas as lições giravam em torno de liberar-se do medo. Segundo o Mestre, quando nos liberamos de nosso medo o resto acontece automaticamente. O medo nos paralisa, escondendo a alegria e a liberdade que estão sempre diante de nós. Liberar-se do medo é como abrir os olhos. Enquanto os olhos permanecerem fechados, não podemos aceitar os presentes que nos pertencem de direito. Quanto mais nos liberamos do medo, mais conseguimos enxergar. Iniciamos com pequenos passos, mas cada passo nos mostra que os demônios e dragões dos quais estamos fugindo são ilusórios. A sua aparente realidade é alimentada por nossos medos. No final, acabamos passando através deles como se fossem neblina. Não há nenhuma batalha. Nunca houve uma guerra. Os dragões sempre foram moinhos, tornados imensos e assustadores por nossas mentes.

– O medo é a única coisa que se interpõe entre você e a experiência do amor – disse ele uma vez quando estávamos sentados ao lado do rio. – Parece que você tem medo de muitas coisas, talvez de tudo. O ego busca e encontra tudo o que serve para alimentar o medo. O medo já está dentro de você. Parece que temermos isto ou aquilo, mas na verdade só temermos uma coisa –

o próprio amor. E como na verdade somos a essência do amor, tememos a nós mesmos. Desta forma, criamos um falso eu, vulnerável e fácil de ser atacado. Isto não nos deixa ver a verdadeira origem do medo, que é nossa própria mente, permitindo apontar milhões de coisas, todas aparentemente fora de nosso controle, para justificar o medo.

"E por que achamos que não merecemos amor? O que aconteceu para escondermos e negarmos aquilo que somos? Será que faz diferença? Chega uma hora em que nos cansamos de tantas perguntas e simplesmente nos jogamos no chão e pedimos ajuda. Estamos cansados de nos esconder. Estamos nos defendendo há tanto tempo que já não conseguimos mais levantar os braços. Então nos entregamos. Não agüentamos mais jogar o jogo.

"E é então que acontece. De repente você abre os olhos e vê uma coisa incrível. Sua própria santidade e inocência lhe são reveladas, brilhando em perfeição. Nesta altura, você é como o Filho Pródigo que finalmente cria coragem para voltar para casa. Talvez se lembre que na história original o pai esperava por ele. Já havia esquecido a herança esbanjada. Tudo o que sabia era que este era seu filho, voltando para casa depois de uma longa jornada. O filho já desistira, e teria ficado satisfeito em ser tratado como um dos empregados do pai, mas o pai não queria nem ouvir falar em tal coisa. Tudo o que pensava era que o filho perdido fora encontrado, o filho morto voltara à vida.

"É isto que acontece quando desistimos e nos liberamos de nosso medo. Por quanto tempo vamos continuar a desperdiçar nossas vidas, sem entender que existe Alguém que sabe exatamente o que temos que fazer e que está disposto a nos guiar a cada passo? As duas chaves para abandonar o medo são a confiança e a entrega. Nós gostamos de acreditar que ninguém mais sabe do que precisamos, só nós. E se formos realmente honestos, teremos que admitir que estamos sempre atrapalhando, congestionando a passagem – nossa própria passagem. Só fazemos complicar o que era simples. Admita que você não sabe o que é bom para você. Entenda que vem fazendo escolhas a partir de uma perspectiva limitada. É impossível saber tudo o que seria necessário saber só para tomar uma simples decisão. Caso esteja perdi-

do na floresta à noite, não fique andando por aí a esmo e se perdendo mais ainda. Fique quieto em seu lugar, e espere por Aquele que conhece o caminho."
— O que você está dizendo é que não temos controle sobre nossas vidas — disse eu.
— Não, não é isso que estou dizendo. Estou dizendo que temos total controle sobre nossas vidas. Tudo o que nos acontece é por nossa escolha. Se isso é verdade, então é fácil conferir se realmente sabemos o que nos convém. Nossas escolhas trouxeram alegria ou conflito? Se trouxeram alegria e paz, então pode ter certeza que estamos começando a entender quem realmente somos. Mas se trouxeram conflito e desespero, então fizemos escolhas que contrariaram nossos interesses. O primeiro passo é admitir que não sabemos o que fazer. O segundo é recuar e entregar o controle a Deus, ou ao nosso Eu superior. E como se faz isso? Simplesmente entregando, desistindo. É aí que entra a confiança. Agora que se tornou óbvio que não sabemos o que é melhor para nós, precisamos acreditar que Deus sabe e que Ele nos guiará se permitirmos.
— Acho que entendo o que quer dizer — afirmei. — O que geralmente acontece é que eu me entrego por algum tempo, mas uns dias depois volto aos velhos hábitos.
— Tudo bem — respondeu o Mestre. — Pelo menos por um instante você entendeu o sentido da entrega. Quando faz isso, você se sente em paz?
— Certamente. Cada vez que deixo de manipular as coisas e permito que elas simplesmente aconteçam, os milagres começam a acontecer ao meu redor. Os milagres são naturais quando fluímos harmoniosamente, eu sei. Mas como vou me lembrar disso quando agarrar o volante de novo e resolver que vou fazer tudo sozinho?
— Pratique a lembrança. É normal esquecer. Aprendemos com nossos erros. Não se culpe demasiado cada vez que cair em um dos velhos padrões, porque isto os reforça. Quando perceber que se esqueceu, balance os ombros e comece de novo. Não é tão sério assim. Leve a coisa como se fosse um jogo e não lhe parecerá tão crucial. Quanto mais fizer isso, quanto mais prati-

car a lembrança, mais depressa retornará ao fluxo e mais feliz será sua vida.

"Você estava certo quando disse que algo milagroso ocorre cada vez que recua e libera o controle. Um milagre não é nada mais do que a expressão espontânea da natureza divina essencial. Quando você se libera do medo e relaxa, descansando em sua natureza essencial, milagres começam a acontecer ao seu redor. E é assim que a cura acontece também. Quando nos liberamos do medo a cura acontece automaticamente, porque a doença é o produto de uma mente cheia de medo. Como sempre projetamos no mundo aquilo que acreditamos, ao aceitar a cura também iremos projetar esta cura no mundo. Tudo que nos cerca será curado, e tudo o que acontece será sem esforço nem conflito. À medida que praticamos mais e mais, começamos a perceber qual é o momento em que não agüentamos e retomamos o controle. E percebemos que quanto mais nos entregamos, mais facilmente as coisas fluem. O conflito, então, se torna um aviso para relaxar e liberar. Quanto mais confiança existir, mais fácil será liberar-se do medo que controla nossa vida.

"Este rio ensinará a você tudo o que precisa aprender. A água segue em frente, confiando na corrente. Ela não tenta se dirigir, mas se permite ser conduzida fácil e naturalmente em direção ao oceano. A corrente sabe aonde está indo. É por isso que é uma corrente. Os gravetos dançam alegremente na superfície da água e os peixes confiam em tudo o que a corrente traz. A água é atraída por algo maior, o oceano, o local onde a corrente começa e termina. E é assim que somos conduzidos, quando confiamos na nossa fonte e permitimos que esta nos leve a uma expressão de vida mais plena e mais feliz."

A cada dia eu ouvia algo novo, mas em todas as lições ele ensinava a mesma coisa – ter paz. Ele não se referia à paz mundial – era da paz interior que ele falava. A paz no mundo é algo natural quando temos paz interior, dizia ele. Fazemos guerras porque temos medo uns dos outros. Percebemos o conflito e o ódio porque temos medo de nós mesmos. É inútil querer trazer paz ao mundo sem lidar com o conflito no lugar onde ele começa, seria como colocar o carro na frente dos bois. Toda essa conversa sobre liberar-se do medo visa a nos fazer entender que somos tanto a causa quanto a solução de nossos problemas. Só existem um problema e uma solução. O problema é que acreditamos estar sozinhos. A solução é que não estamos.

Assim, os dias foram se sucedendo e as lições continuando. Eu me sentia em um barco, flutuando suavemente no rio. Era impossível saber que depois da próxima curva encontraríamos correnteza forte.

NOVE
Começa a ofensiva

ORAÇÃO MUÇULMANA PELA PAZ

Em nome de Alá, o dadivoso, o misericordioso.
Glória ao Senhor do Universo
que nos criou e nos fez tribos e nações.
Que nos conheçamos uns aos outros
sem desprezo.
Se o inimigo é de paz,
que nos inclinemos na direção da paz,
e confiemos em Deus, porque o Senhor é o único
que ouve e sabe de todas as coisas.
E os servos de Deus,
bem-aventurados são aqueles que caminham
pela Terra na humildade, e quando
os encontramos os saudamos, "PAZ". *

– SEMENTES DA PAZ

---

* *In the name of Allah,/ the beneficent, the merciful./ Praise be to the Lord of the/ Universe who has created us and/ made us into tribes and nations./ That we may know each other, not that/ we may despise each other./ If the enemy incline towards peace, do/ thou also incline towards peace, and/ trust God, for the Lord is the one that/ heareth and knoweth all things./ And the servants of God,/ Most Gracious are those who walk on/ the Earth in humility, and when we/ address them, we say "Peace".*

Quando acordei, às onze e meia da noite, soube imediatamente que havia algo errado. Não pude precisar o que era, mas senti uma espécie de apreensão agitada, como se algo terrível estivesse para acontecer. Então me vesti e saí. Quando cheguei na estrada, vi Toni correndo em minha direção. Parei e escutei. De repente percebi que havia uma batalha acontecendo em algum lugar das montanhas à nossa direita. Os sons das bombas e das armas rompiam o silêncio da noite. Nossa comunidade ficava em um vale, aninhada entre duas colinas compridas, e as bombas pareciam se originar logo depois de uma delas. Toni me pegou pelo braço.

– Você precisa apressar-se e ir para a sessão – disse ele. – Todos nós, inclusive seus amigos, e todas as pessoas da comunidade têm que estar presentes.

Ele entrou em casa para chamar os outros. Eu me dirigi, tão depressa quanto pude, para a casa de meditação. Quando entrei, muitas pessoas, inclusive as mulheres que normalmente viviam em nossa casa, já estavam lá. Os Emissários ocupavam seus lugares habituais. Quando entrei no prédio, a sensação de perigo desapareceu. Senti que enquanto estivesse ali, nada de mal aconteceria. Alguns minutos depois, Nadina, Gordana, Snjezana e Duro chegaram. Sentaram-se não muito longe de mim. Quando Nadina passou por mim, percebi uma expressão de medo em seu rosto. Tudo ficou quieto. Os Emissários começaram o canto de abertura.

Durante toda a noite, ouvi explosões ao longe. Primeiro me pareceram abafadas e distantes. Com o passar do tempo, pareciam estar se aproximando. Será que a ofensiva croata começara? Neste caso estaríamos na pior das posições, aprisionados no meio, diretamente no caminho dos dois exércitos. Tive dificuldades para acalmar a mente e meditar. As explosões, contudo, não eram constantes. Passavam-se quinze minutos sem nenhum som, e de repente ouviam-se cinco ou seis estrondos. Isto acontecia toda a vez que eu estava prestes a mergulhar profundamente dentro de mim. As horas se arrastaram lentamente. O silêncio da sala trazia pouco alívio.

Pensei no que me dissera a mulher da embaixada americana. Esta era uma época perigosa para estar naquele país, especialmente perto da fronteira da Croácia com a Bósnia. Ela havia dito que o exército croata planejava recuperar a terra perdida no início da guerra. Eu ouvira este tipo de rumor diversas vezes. Os croatas pareciam ansiosos por mostrar sua força, e o ódio entre sérvios e croatas se intensificava cada vez mais.

Em torno das seis horas da manhã, o sol começou a se infiltrar pelo alto da janela. Passaram-se duas horas sem explosões. Eu ouvia o canto dos pássaros entrando pela porta aberta. Ocasionalmente, o som de uma explosão distante rompia o silêncio, mas em geral as coisas estavam calmas. Alguns minutos antes do meio-dia, o canto mental começou de novo. A seguir os Emissários entoaram o canto de fechamento, e a sessão terminou. Eles saíram em fila do prédio e nós os seguimos. Fazia um dia lindo. O sol estava quente e brilhante, e uma leve brisa acariciava as árvores. O que acontecera durante a noite parecia findo. Seguimos os assistentes até nossa casa, para nos prepararmos para o almoço.

Toni disse que não houvera lutas naquelas montanhas por vários anos. Toda a região era controlada pelos sérvios. Havia duas cidades nas proximidades, cerca de quinze quilômetros dali, importantes para os sérvios. Dizia-se que muitas armas e artilharia pesada haviam sido trazidas para defender aquela área contra a ameaça croata. Todos sabiam que a ofensiva ia começar, a questão era apenas quando.

Fizemos nossa refeição em silêncio. Eu sentia a realidade da guerra ao nosso redor. Nadina e eu nos sentamos no chão para comer um sanduíche feito com os vegetais da horta. Várias pessoas estavam na mesa da cozinha, e mais três perto do fogo. Toni estava sentado sozinho olhando pela janela. Primeiro achei que ele olhava para o espaço vazio, mas de repente percebi que esta-

va vigiando o campo que ladeava a estrada. De repente ele se endireitou como se estivesse ouvindo um som que só ele podia ouvir. Toni foi até Duro e murmurou algo em seu ouvido. Os outros assistentes largaram seus pratos e começaram a se encaminhar para a porta.
– O que está acontecendo? – perguntei.
– Explico mais tarde – disse Toni. – Venham todos comigo, depressa.
Nós o seguimos porta afora. Olhei ao redor e vi os outros assistentes deitados no chão, com o rosto para baixo. Toni fez um gesto para que fizéssemos o mesmo. Disse que nos deitássemos quietos e não fizéssemos um único ruído. Só isso. As pessoas se espalharam em vários lugares pelo chão. Não parecia haver nenhuma lógica em suas posições, por isso encontrei um lugar para mim e imitei os outros. Fiquei bem quieto por vários segundos. Sentia a mesma apreensão que sentira mais cedo, antes da sessão. Não havia nenhum som, a não ser o vento nas árvores. O silêncio era assustador. Ninguém se movia. Eu queria correr, mas para onde iria? Sabia, pelas reações de Toni, que havia algo de muito errado. Enterrei a cabeça na grama e retive a respiração.
Então ouvi alguma coisa. No início não sabia o que era, mas em poucos segundos percebi que era o som de motores vindo em nossa direção. Logo havia vozes, muitas vozes berrando. Os motores ficaram mais altos e ouvi o som de passos se aproximando. Inclinei um pouco a cabeça para poder ver. Três jipes do Exército acabavam de penetrar no campo, a uns duzentos metros de nós. Atrás deles vinha pelo menos uma dúzia de soldados armados, correndo como se estivessem sendo perseguidos. Vinham direto para a nossa casa. Eu estava paralisado. Esses eram sérvios da Bósnia fugindo. Se nos vissem, com certeza nos matariam. E não havia como deixarem de nos ver.
Paralisado, eu sabia que não havia nada a fazer, só ficar deitado no chão esperando que eles passassem por cima de nós. Já ouvira um sem-número de histórias sobre as atrocidades cometidas contra civis pelo exército sérvio. Naquele momento, só havia um final possível para aquela história – em alguns segundos eles avistariam a casa e o nosso grupo espalhado pelo chão. Como

estavam fugindo, e talvez sendo perseguidos, não haveria tempo para conversas. Nós seríamos todos mortos – rapidamente, esperava eu. Pensei em correr para a floresta. Pelo menos não estaria no chão esperando por eles. E apesar de não haver saída, nenhuma possibilidade de fuga, senti uma sensação de paz, como se soubesse que estávamos seguros. Abri meus olhos de novo. Os soldados estavam na metade do campo, vindo em nossa direção. Continuei observando, completamente distanciado. Aconteceria o que tivesse que acontecer. Eu não tinha controle sobre nada. Olhei para Nadina. Ela parecia morta. Ninguém se movia ou respirava. Em alguns segundos eles estariam aqui, e não havia nada a fazer senão esperar.

De repente, sem nenhum aviso, os jipes deram uma guinada de quarenta e cinco graus para a direita. Os soldados seguiram os jipes, e no momento seguinte haviam desaparecido na floresta. Olhei boquiaberto. O suor escorria pelo meu rosto, e meu coração batia descontrolado. O que os fizera voltar? Estavam a menos de vinte metros de nós. Meu nariz sentia o cheiro da gasolina dos jipes. Era evidente que eles não haviam nos visto. Mas isso era impossível. A casa era claramente visível do outro lado do campo. Eles haviam chegado tão perto que eu pude ouvir a respiração dos soldados quando correram. Isso me assustou. Algo ocorrera que eu não conseguia entender.

Não tinha certeza se o episódio acabara. Virei a cabeça para ver se Toni se movera. Ele continuava imóvel. Os outros também. Achei que tivéramos muita sorte pelos soldados terem virado à direita. Se tivessem virado para o outro lado, teriam rumado direto para as cabanas. Então me lembrei do primeiro dia em que cheguei à comunidade: havíamos cruzado mais de metade do campo e eu ainda não vira nada. Duro nos pediu que ficássemos totalmente imóveis, e então eu vi. Parecia ter surgido do nada. Foi só naquele momento, quando eu realmente soube que a casa estava lá, que me pareceu impossível os soldados terem chegado tão perto sem nos ver. Eu sentia as têmporas latejando contra o chão frio. Estava finalmente no meio de um conflito, no meio de uma guerra. Era irreal, como se fosse um filme, como se eu não estivesse lá. A sensação de terror continuava presente, e eu sabia que ainda não estávamos seguros. O pior de tudo era a sensação de impotência. Eu não conseguia me mover, sentia-me paralisado. Quando Toni disse para ficarmos completamente imóveis, havia uma seriedade em sua voz que eu nunca ouvira antes. Eu respirava em inalações curtas e rápidas. Não havia nada que ninguém pudesse fazer até Toni dar o sinal. Cada minuto parecia durar horas. Tornamos a ouvir explosões bem próximas. Do outro lado de uma das colinas, havia uma batalha em andamento. Eu me sentia preso entre os dois lados. Alguns minutos depois, ouviu-se o som de um helicóptero ao longe. Primeiro o som se misturou com as explosões, mas depois foi ficando mais forte, como se estivesse se aproximando. Vinha em nossa direção. Não ousei olhar. Se os soldados não tinham visto as construções, o helicóptero certamente veria. O som ficou mais alto. Eu tinha certeza que ele nos vira. O som vinha de não mais que vinte metros acima de nossas cabeças. Primeiro achei que ele havia parado, e estava em cima da casa de meditação. Olhei para cima, e vi o helicóptero passar correndo por nós e desaparecer. Meu corpo tremia. O som do helicóptero quase me fez perder o equilíbrio. Me controlei ao máximo para não correr para dentro de casa. E não corri. Ficamos lá por mais uma hora. As bombas continuaram por algum tempo, e depois pararam. Finalmente, um dos assistentes deu sinal que podíamos nos levantar. Sacudi a terra de minhas roupas e senti as pernas tremendo enquanto tentava ficar de pé. Meus amigos estavam lá parados, sem acreditar no que ocorrera. Caminhei até Nadina, que parecia prestes a desmaiar. Segurei seu braço e entramos na casa.

Sentei-me em uma cadeira e fechei os olhos. Meu corpo inteiro doía de medo. Meu estômago tinha um nó. Respirei profundamente e me concentrei. Liberei os pensamentos e os julgamentos que geravam a emoção, os pensamentos sobre soldados e helicópteros. Segui as instruções do Mestre sobre como canalizar o medo. Senti a intensidade do medo. Então o conduzi para o coração, esperando até que encontrasse um pouco de equilíbrio. Quando me senti pronto, imaginei a porta: ela se abriu e uma luz intensa, branca e brilhante, jorrou por ela. Meu corpo começou a vibrar. Inclinei-me para trás na cadeira e arqueei as costas quando do senti o medo se transformando em uma poderosa energia.

Depois tudo acabou. Abri os olhos e me senti revigorado. O medo foi se dissolvendo e desapareceu.

    Depois de uns dez minutos, achei que já tinha clareza suficiente para refletir sobre o que acabara de acontecer. Era muito estranho chegar tão perto da catástrofe e depois vê-la se afastar. Ainda estava meio estupefato com o que acontecera. Por que eles não nos viram? O que eu presenciara era impossível. Toni estava sentado na minha frente, portanto perguntei o que ele sabia.

    – Lembra-se quando chegou aqui – disse Toni – e levou algum tempo para nos ver? Foi porque nós deixamos você ver. Tínhamos que ter certeza que era você, antes de nos mostrarmos. Cinco minutos antes de você chegar estávamos deitados no chão, exatamente como hoje. Quando entendemos que vocês eram amigos, deixamos passar. Sabe, é por isso que conseguimos permanecer uma comunidade secreta, porque não podem nos ver a menos que nos deixemos ser vistos.

    – Mas como isso é possível? – perguntei. – O lugar desaparece?

    – Já lhe aconteceu de uma coisa estar bem na sua frente e você não ver? Às vezes estamos olhando para uma coisa e ela está lá, mas não a vemos. Na verdade algo impede nossa mente de reconhecer a presença do que está na nossa frente. Talvez você realmente não queira ver, então não vê. Bem, nós não queríamos que eles nos vissem, de verdade, então alguma coisa aconteceu com sua atenção e eles não viram. Lembre-se, esta comunidade existe há muito tempo. Não acha que os Emissários aprenderam alguns truques nos últimos mil e poucos anos? Os Emissários conseguem projetar seus pensamentos a longas distâncias. Tudo o que precisamos fazer é não interferir. É para isso que nos deitamos no chão e limpamos nossa mente. O helicóptero voou bem em cima de nós, mas não nos viu. Nós desaparecemos? De certa forma, sim. Parece impossível, mas acontece.

    Logo depois deste incidente, chegou uma mensagem do Mestre dizendo que não haveria aula naquele dia. Parece que esconder nossa comunidade havia consumido uma quantidade enorme de energia. Este foi o exemplo mais convincente que vi do poder dos Emissários. Passei o resto daquele dia com meus amigos, todos tão espantados quanto eu. Especialmente Nadina. Uma grande mudança ocorrera nela depois que chegamos lá. Além de parar de fumar, seu comportamento ficara mais leve. Estava mais feliz do que eu jamais a vira. Snjezana e Gordana também haviam mudado. Gordana parecia menos preocupada com os problemas de sua vida. A comunidade estava sempre plena de energia vital e amorosa, tornando fácil nos sentirmos felizes e livres.

Naquela tarde, encontrei Nadina e pedi-lhe que voltasse para casa comigo. Os outros não estavam por perto, e eu queria praticar os exercícios de leitura de mente que aprendera com Toni. Nadina não estava muito disposta a participar. Levei algum tempo para convencê-la a tentar. Pedi-lhe que tirasse o relógio e o escondesse em algum lugar dentro da casa, enquanto eu esperava do lado de fora. Quando ficou pronta, ela me disse para voltar. Depois de explicar o que aconteceria, segurei seu pulso e dei um passo à frente. Fiquei espantado com o fluxo intenso e imediato de sensações. Senti um impulso que me puxava para a esquerda. Andei para a frente até que uma voz em minha mente me mandou parar. Estávamos no vestíbulo. O quarto das mulheres ficava à direita. Entramos no quarto e vi Nadina olhar para o armário. Abri a porta do armário e estiquei o braço para uma prateleira situada um pouco acima de minha cabeça. Minha mão tocou imediatamente o relógio, como se eu soubesse exatamente onde estava.

Nadina recuou assustada.

– Oh meu Deus – disse ela. – Não acredito no que você acabou de fazer. Não sei se devo ficar interessada ou apavorada.

– Por que ficaria apavorada? – perguntei.

– Porque você está ficando como os Emissários. Daqui a pouco vai ler meus pensamentos. E não sei se gosto disso.

– Não acho que funciona assim – retruquei. – Se você colocar uma parede em sua mente para esconder alguma coisa, nenhum Emissário conseguirá ver através dela. De qualquer forma, não estou tentando ver detalhes íntimos de sua mente, pelo menos não agora.

– Não fique esperançoso – sorriu ela.

Tentamos outro exercício mais difícil. Pedi a ela que imaginasse um pedaço de fruta. Segurei sua mão enquanto ela visuali-

zava a forma, a cor e o gosto da fruta. Limpei a mente e esperei por um impulso. Podia sentir alguma coisa se formando em minha mente, mas não estava muito claro. A seguir, veio uma sensação estranha na boca. Comecei a salivar. Não tinha certeza se esta sensação estava ligada ao exercício, porque não recebia nenhuma imagem clara. Mas continuei a salivar.
– É um limão? – perguntei finalmente.
– Oh meu Deus! – gritou ela ficando de pé e correndo para a cozinha. – Isso é estranho demais. Eu quero ir para casa.

Passamos mais uma hora escondendo objetos e visualizando frutas. Foram alguns dos momentos mais divertidos que passei em toda a minha viagem. Logo os outros retornaram e preparamos uma refeição simples. Todos estavam de bom humor, considerando-se a forma como o dia havia começado. Depois de comer, chegou a hora de descansar, pelo menos para mim.

O barulho das bombas caindo ao longe rompia de vez em quando o silêncio da tarde. No início da noite, o ruído parou totalmente. A batalha terminara, e eu fiquei feliz por ter sobrevivido ao dia. Fui para a cama esperando que no dia seguinte as coisas fossem diferentes.

Quando acordei e me preparei para a sessão, fiquei contente em ouvir apenas os sons normais da meia-noite. Não havia bombas explodindo ao longe, tiros, nem soldados correndo em nossa direção. Qualquer que tivesse sido a batalha disputada no dia anterior, terminara, pelo menos por enquanto. Era impossível saber o que acontecera. Nossas viagens para fora da comunidade eram esparsas. As mulheres que cuidavam do local iam aos vilarejos próximos fazer compras só quando estritamente necessário. A maior parte da comida era plantada lá mesmo, em pequenas hortas distribuídas pela propriedade. Era necessário um número mínimo de pessoas para manter a propriedade e alimentar os seus membros. Mesmo assim, ainda havia muita coisa que eu desconhecia sobre as atividades cotidianas daquela comunidade. Eu nunca vira antes pessoas vivendo com tamanha simplicidade. Evidentemente, o que importava aqui era a meditação dos Emissários. Nada acontecia que não ajudasse a apoiar ou manter o propósito comum de trabalhar pela paz.

Mais tarde naquele dia, senti-me ansioso para continuar minhas lições. A excitação do dia anterior serviu para aumentar meu desejo de aprender as lições, para depois poder executar qualquer função que me fosse designada. Esta era minha única preocupação. Como eu ia ensinar? Estava impressionado com a confiança que os Emissários tinham em mim, e com a enorme responsabilidade que aceitara. Perguntei-me por que não escolheram alguém capaz de propagar os ensinamentos mais rapidamente. Eu nunca conseguira falar em público antes. O único livro que escrevera vendeu apenas alguns milhares de cópias, e o apelo de minha música era bastante limitado. Talvez soubessem alguma coisa a meu respeito que eu não sabia. De qualquer forma, era estranho ter responsabilidade por algo tão importante. Os Emissários eram uma sociedade secreta há milhares de anos, e agora eu devia mostrar sua mensagem para o mundo. Não tinha idéia de como fazer isso.

Quando cheguei na casa de meditação, estes pensamentos desapareceram, e a paz que eu sempre sentia durante as sessões retornou. Isto também era estranho. Eu nunca desenvolvera nenhuma prática regular de meditação no passado. Normalmente, não conseguia sentar quieto nem por meia hora. E de repente estava ansioso por me levantar no meio da noite e meditar doze horas seguidas sem interrupção. Era o suficiente para me convencer que algo fantástico estava ocorrendo. Havia também uma enorme sensação de graça ao meu redor. A energia dos Emissários estava se estendendo e transformando nossas vidas. Eu não conseguia nem imaginar o que aconteceria quando todas as pessoas aprendessem a fazer isso por si mesmas, e esta era a meta dos Emissários. Depois de séculos salvando o planeta de desastres, era tempo de se retirar e deixar a humanidade tomar conta de si mesma. Os Emissários eram os guardiães da humanidade, enquanto esta crescia e amadurecia. Agora, como todos fazem ao se tornarem adultos, chegara a hora de caminhar com os próprios pés. Finalmente a humanidade estava pronta para se responsabilizar por seus pensamentos. Perguntei-me se isso era mesmo verdade.

Durante a sessão daquele dia, pensei na pergunta que o Mestre me fizera sobre ver luzes ou cores. Durante a meditação, olhei para a sala de várias formas, algumas vezes com os olhos semicerrados, outras deixando o foco da visão frouxo, tentando entender o que ele quisera dizer. Nada aconteceu. Algumas vezes pareceu que a névoa que eu via acima dos Emissários brilhava e pulsava, mas achei que isso era um truque da luz, e voltei à meditação. Depois do almoço, fui até a cabana do Mestre. Estava pronto a recomeçar, depois de um dia de folga. Quando cheguei lá ele não estava sentado diante do fogo como eu esperava. Olhei ao redor e não o vi. Então me sentei diante do fogo, que parecia estar queimando há bastante tempo. Pensei em bater na porta, mas achei que seria impróprio. Tossi algumas vezes, caso ele estivesse no interior descansando. Cinco minutos se passaram e nada aconteceu. Fiquei em pé, dei alguns passos em direção à casa, e a seguir tossi de novo.

– Está resfriado?

Ele estava sentado à esquerda da porta, sobre uma grande pedra, a poucos metros de mim. A fogueira estava a menos de dez metros da cabana. Ele estivera lá o tempo todo? Teria sido impossível não vê-lo. Será que esta era uma demonstração da mesma habilidade que impediu os soldados de nos verem?

– Claro que sim – disse ele ficando de pé. – Eu queria que você experimentasse por si mesmo, para que compreendesse. Não subestime a habilidade de alguém que dominou esta arte. Chame de mediúnico, milagroso, o que quiser. Na verdade, é bem simples. A mente vê o que deseja. Você, é claro, queria me ver. Então por que não viu? Porque eu sei que nossas mentes na verdade estão unidas e não separadas. Em certo sentido, só existe uma grande mente se expressando em milhares de formas individuais. Eu 'vi' minha mente em união com a sua, e a seguir sugeri que na verdade você não queria me ver. É claro que essa é uma forma meio simplista de descrever. Na verdade é bem mais fácil do que isso, mas é uma forma para você entender nesse momento.

– E os soldados? – perguntei. – Fez o mesmo com eles?

– Certamente. Não é mais difícil fazer isso com cinco pessoas do que com uma só. Esta não foi a primeira vez que esta comunidade esteve em perigo. Há quatro anos, no início da guerra, os sérvios da Bósnia vieram marchando pelas montanhas

como Napoleão. Não havia nada que alguém pudesse fazer a respeito. Em certo momento, eles montaram uma base logo depois daquela encosta. – Apontou para uma colina por cima de meu ombro esquerdo. – Todos os dias, músseis passavam voando sobre nossas cabeças. Depois de uma semana, começaram a enviar helicópteros e infantaria. Os helicópteros passavam a cerca de vinte metros acima da casa de meditação, dez vezes por dia. Centenas de soldados marcharam por esta floresta, quase que atravessando nossa comunidade. Mas nunca nos viram. Nunca houve um momento em que estivéssemos em perigo real.
"Lembre-se, Uma Mente – esta é a chave. E também é uma pista sobre o trabalho secreto dos Emissários. Os soldados nunca nos viram porque não nos reconheceram. Isso faz sentido? Veja, nós aceitamos a paz para a humanidade, aquilo que a própria humanidade se recusa a aceitar. Como poderiam nos reconhecer, se tudo o que vêem é a guerra? Os Emissários escolheram a paz, e uma escolha feita no Poder da Luz Divina é uma escolha poderosa. A humanidade sempre escolhe a partir do ego. Esta é uma escolha fraca. A nossa escolha, na verdade, anula a escolha feita pelo ego. É simples assim. Quando a humanidade escolher paz, trabalhará do nosso lado.
– O que quer dizer? – perguntei. – Pensei que tinha dito que os Emissários deixarão de existir quando a humanidade escolher a paz. Você não está dizendo que as pessoas virão à Bósnia e à Croácia, ou que haverá um novo grupo de doze, com as pessoas sentando e meditando?
Ele riu da minha idéia.
– Claro que não. Quero dizer que as pessoas precisam assumir responsabilidade por si mesmas. As pessoas precisam escolher a paz, de forma firme e definitiva. Como eu já disse muitas vezes antes, tudo o que experimentamos vem das escolhas que fizemos. Se quer saber que tipo de escolha está fazendo agora, olhe ao seu redor. O que vê, conflito ou paz? Essa é a primeira lição que um Emissário da Luz deve aprender, que tudo o que experimenta é escolha sua. Quando aceitar isso, então poderá começar a mudar sua experiência. Você é a causa e o mundo é o efeito. Mude sua idéia do mundo e o mundo mudará.

— Você está me dizendo que não existe nada fora de nosso controle? E as tragédias horríveis, como terremotos ou furacões? Se o que você diz é verdade, então escolhemos estas coisas. E isso não faz sentido.

Ele remexeu as brasas quentes com uma vara, reavivando o fogo.

— Claro que não faz sentido. Sua vida está construída baseada na idéia de que tudo está fora do seu controle. E assim parece, até você pegar as rédeas e decidir que quer paz. Então tudo muda. Você começa a experimentar o poder de suas escolhas. E só então compreende.

— Mas como faremos esta nova escolha? — perguntei eu. — Uma coisa é admitir que fizemos isso conosco, outra é conseguir escolher de novo.

— Eu já lhe disse que você vai ensinar como se liberar do medo. Quando o medo vai embora, o amor surge naturalmente. O processo acontece sozinho. Cada um vai passar por isso à sua maneira, por isso é tão difícil descrever um processo geral. O que eu lhe dei foram instruções, sugestões sobre como olhar para as atitudes que escondem e disfarçam o medo. Quando temos consciência destas atitudes, é como lançar luz sobre elas. Elas se escondem na escuridão, e não podem sobreviver na luz. São como sombras que desaparecem sem deixar vestígios.

Olhei para a esquerda, para a sombra que meu corpo lançava no chão. Ele estava dizendo que o medo era isso, uma sombra, uma imagem falsa que pensamos ser real. Não sei se entendi o que ele quis dizer. O medo que senti quando os soldados se aproximavam era bem real.

— O medo sempre parece real — disse ele. — Se não, você não lhe daria tanto poder sobre sua vida. É por isso que lhe dei instruções sobre como enxergar através dele. Duas instruções muito importantes — entrega e confiança. Entrega significa compreender que você precisa de ajuda para escapar do medo. Não pode fazer isso sozinho, senão já teria feito. Precisa aprender a se entregar para Aquele que pode lhe mostrar a verdade. Também precisa abandonar suas idéias sobre como isto deveria ser feito, e aceitar a visão Daquele que realmente sabe.

"A segunda instrução é confiança. Depois que se entregou,

precisa confiar que receberá uma nova resposta. A confiança limpa as teias de aranha dos cantos escuros da mente, deixadas ali pela escuridão. Quanto mais confiar, mais depressa descobrirá a paz. "Existe uma instrução final que quero lhe dar: gratidão. A gratidão está para o seu despertar como o plutônio está para um míssil nuclear. É a centelha que acende as origens ocultas de energia e de luz, levando você a novos níveis de alegria e paz. Você tem tanto o que agradecer. Você se entregou a um conhecimento e a uma forma de viver mais profundos, acreditou em uma nova visão da vida, e está grato pelas incríveis novas perspectivas que lhe foram reveladas. Sua gratidão preencherá seu coração como um balão, elevando-o acima dos antigos padrões mentais que o mantinham preso à terra. É uma experiência natural, que marca o início de sua entrada em novas dimensões de Luz. Não é possível superestimar o poder e a importância desta última instrução.

– E pelo que devemos ser gratos? – perguntei.

– Por tudo – disse ele, levantando-se e afastando-se do fogo, subitamente animado. – Você será grato por tudo. Este não é um truque nem uma ferramenta psicológica. À medida que liberar-se do medo por meio da entrega e da confiança, incríveis ondas de Luz vão limpar você. Começará a sentir uma alegria e uma paz que sequer sabia que existiam. Mas na verdade sempre estiveram lá, você é que tinha medo de olhar. Mas agora você já não tem mais medo, e quando olha fica espantado e encantado. A gratidão vai fluir de você como... suco de uma laranja. E vai ser doce esse suco! Você vai se perguntar por que nunca provou isto antes. Porque tinha medo, é por isso. Medo de mergulhar tão completamente na alegria que pudesse perder a si mesmo, perder esta pequena idéia sobre quem é. A verdade é que você não vai perder nada. Vai se expandir, e não se contrair. O que está dentro de você não cabe nestas idéias tão pequenas. É como um copo d'água que derrama e encharca o deserto árido. O deserto se tornou árido porque, na tentativa de conter a água, você se impediu de bebê-la. Mas agora ela está fluindo, nutrindo toda a criação, e não pode mais ser contida por um pequeno copo.

Ele andava para a frente e para trás diante do fogo, gesticulando enquanto falava.

– Você é a água, não o copo. Aquilo que você é nutre o universo. Você será grato por descobrir esta verdade dentro de si, e então perceberá que sua única função é compartilhar esta verdade. A humanidade esqueceu de si mesma, mas à medida que você, eu, e tantos outros, relembramos da nossa verdadeira identidade e a compartilhamos com todos, a humanidade inteira se lembrará novamente. Cada vez que uma centelha de lembrança desponta em uma mente aberta, ela envia um sinal para todas as outras mentes, criando uma onda que permeia a teia da criação, chamando a todos para despertar. Todas as criaturas vivas sentem esta onda no recôndito de seu coração. À medida que mais e mais seres se lembram, é como jogar um punhado de pedras em um lago. Milhares de ondas se expandem e ecoam pela criação, dentro de cada criatura, até o eco se tornar semelhante à pulsação de um tambor poderoso, chamando a todos para despertar, para voltar à vida. E tudo isso nasce da gratidão, Jimmy. Um coração grato é a força mais poderosa que existe no universo.

Ele parecia uma criança excitada. A simples menção destas coisas produzia enorme entusiasmo e alegria. E eu também sentia o mesmo. Era como se a alegria dele me contagiasse. Fiquei de pé e comecei a saltar. Em um instante, estava rindo incontrolavelmente.

– Bem, eu estou sentindo algo dentro de mim – disse eu. – Sinto a gratidão e a alegria crescendo. Parece que vou explodir.

– Pode explodir! – gritou ele, abrindo os braços para o ar. – Você está descobrindo a paixão do despertar. O lembrar-se de quem somos não é algo sombrio e imóvel. É como uma corrente elétrica que atravessa cada pedaço de nós. Emocionalmente, percebemos isso como alegria e felicidade, espiritualmente como paz e contentamento, e fisicamente como excitação e entusiasmo. O despertar é uma experiência plena, que não se restringe a uma parte de nós. É ardente. É como se o sol explodisse. Está em tudo que traz liberdade e alegria. É isto que você é, Jimmy. E o medo vinha escondendo isso de você. Por quê? Porque você tinha medo de perder-se se descobrisse quem realmente era. Seu ego tinha medo de perder a capacidade de interagir com o mundo. Mas não é verdade. O ego fez o mundo. O espírito só brinca nele, como

uma criança. O ego torna tudo sério e importante. O espírito ri de tudo. Qual visão do mundo você prefere, a do ego ou a do espírito? O que você está sentindo neste instante é a visão do espírito. Se quiser, ela pode ser sua. Não existe nada para se ter medo.
   Lá estávamos nós, saltando ao redor do fogo com os braços para cima, rindo e gritando, e eu não ligava à mínima se alguém nos ouvisse. Parecia que uma represa se rompera. O ego construíra esse enorme muro para represar a paixão e a alegria. Então a entrega fez uma rachadura no muro, a confiança perfurou um buraco, e a gratidão explodiu tudo. A água fluía de todas as partes de mim mesmo. Ela me lavou inteiro, carregando consigo o medo e o ressentimento que me prendiam ao deserto do ego. Finalmente, acabara. Eu sabia que nunca mais ergueria aquele muro novamente. Reclinei-me para trás e saboreei a sensação.
   Quando retornei, avistei Duro perto da casa de meditação. Ele sorriu e acenou para mim.
   – Gostaria de dar uma caminhada? – perguntou ele.
   Eu respondi que sim, e nos dirigimos para o campo que conduzia à entrada da comunidade, o mesmo campo que os soldados haviam percorrido no dia anterior. Ficamos em silêncio por vários minutos. Fiquei espantado com a confiança serena que Duro irradiava. Quando falava, suas palavras eram precisas e confiantes. Não havia nada nebuloso a seu respeito. Nossas conversas nunca eram pontilhadas por comentários superficiais, apenas para encher o tempo. Se eu perguntava alguma coisa, ele respondia de forma concisa e bem ordenada. Quando estávamos em silêncio, eu sentia a profunda tranqüilidade que nos rodeava. Eu sabia muito pouco sobre a vida dele, apenas que trabalhara como médico por muitos anos antes de abandonar sua prática para explorar métodos tradicionais e holísticos de cura.
   Foi assim que ele encontrou os Emissários. Muitas vezes ele saía de Rijeka para procurar ervas e plantas raras em regiões remotas da Croácia e da Bósnia. Depois que descobriu a comunidade, passou a retornar sempre com suprimentos e informações. Em uma destas visitas, teve uma conversa incomum com um dos

Emissários. Disseram a ele que em breve ele precisaria trazer um presente importante para os Emissários. Este presente possibilitaria que a comunidade começasse a parte final de sua missão – devolver à humanidade as tarefas de guarda e proteção que vinha exercendo. O papel desempenhado por milhares de anos estava terminando, não porque eles tivessem falhado, mas porque a humanidade estava no limiar de um despertar espiritual único em sua história. Quando Gordana mostrou a ele minha carta, ele entendeu o que os Emissários queriam dizer. Entendeu que eu era o presente que eles estavam esperando, aquele que contaria ao mundo o papel dos Emissários e seu trabalho.

Decidi que se ia contar às pessoas o que vira e experimentara, precisava aprender mais sobre a história deste lugar. As tentativas anteriores tinham sido infrutíferas. Parecia que as informações me eram negadas deliberadamente, com exceção daquelas que proporcionassem uma compreensão elementar da comunidade. Duro disse que isto era porque este tipo de informação não era realmente necessária.

– Você está tentando entender o que não pode – disse ele. – Os Emissários sempre existiram, mas nem sempre da forma que você vê aqui. Mas a roda permanece. Como eles se movem de um lugar para outro, ou porque os próprios Emissários mudam, é algo que está além de nossa compreensão. É como se os Emissários fossem a ligação entre o tempo e a eternidade. Seu trabalho é traduzir ilusão em verdade. Como isso é feito? Não tenho idéia. Eu sei que a Luz Divina existe, mas os níveis mais profundos só são compreendidos pelos próprios Emissários.

– Então como a humanidade vai assumir este papel, se está além de nossa compreensão? – perguntei.

Chegamos à extremidade mais afastada do campo, e Duro parou.

– A única coisa que existe é a verdade – afirmou ele. – Quando alguém aprende isso, assume seu papel de Emissário. Você pode não se sentar na roda nem estar em um remoto local secreto, mas estará unido às mentes e ao trabalho deles. Essas pessoas aqui não são os únicos Emissários que propagam a Luz Divina. Mas estamos quase atingindo a massa crítica. Quando

houver pessoas suficientes no planeta capazes de ultrapassar a barreira entre a verdade e o ilusório, os Emissários que você vê aqui não serão mais necessários para fomentar o crescimento desta massa crítica. Este será o amadurecimento da humanidade. Nesta altura, ocorrerá um despertar global, que não podemos sequer imaginar. Uma nova era terá chegado, Jimmy, uma era para a qual o mundo foi criado, onde a paz é a situação normal, e não o conflito, onde o amor é a lei, em vez do ódio.
 – Há quanto tempo os Emissários estão aqui na Croácia? – perguntei.
 – Há quase dez anos.
 – E onde estavam antes disso?
 – Não sei. Nunca achei que fosse importante saber isso. Tudo o que sei é que eles vivem e trabalham nas áreas mais afetadas pela violência. É fácil ver por que estão aqui. Há quatro anos esta guerra terrível vem sendo travada. O ódio é muito profundo. Os Emissários vivem no meio dos conflitos, dissolvendo secretamente o ódio e substituindo-o por esperança. Não sei por quanto tempo mais ficarão. Não faz diferença. Tudo vai mudar, isso é claro. E é por isso que você está aqui.
 – O que acontecerá quando este salto quântico ocorrer? – perguntei. – Para onde irão os Emissários?
 – Eles simplesmente irão embora. Não haverá vestígios deles, como nunca houve até hoje. Mas por seu intermédio, Jimmy, a humanidade conhecerá a dádiva deixada pelos Emissários. Devido ao seu trabalho, a etapa final entre a humanidade e os Emissários será completada. É por isso que é tão importante que a missão deles seja revelada, porque quando a humanidade ficar sabendo da existência deste presente, ela estará pronta a aceitar rapidamente esta herança divina. Os Emissários estão dispostos a devolver o presente à criança, que não sabia que o presente existia. A criança cresceu, e já pode compreender que a dádiva da paz é inestimável. Os Emissários têm sido os guardiães da humanidade, mas quando a criança amadurece não precisa mais de guardiães. O guardião, então, entrega a herança a quem de direito. E o tempo para fazer isso é agora.

DEZ
A dádiva do amor

ORAÇÃO BAHA'I PELA PAZ

Seja generoso na prosperidade,
e grato na adversidade.
Seja justo em teus julgamentos,
e prudente em tuas palavras.
Seja uma candeia para aqueles que caminham
na escuridão, e um abrigo
para o estrangeiro.
Seja os olhos para o cego, e a luz que guia
os pés do errante.
Seja um sopro de vida para o corpo
da humanidade, o orvalho para o solo
do coração dos homens,
e um fruto na árvore da humildade.*

– SEMENTES DA PAZ

---

* *Be generous in prosperity,/ and thankful in adversity./ Be fair in thy judgement,/ and guarded in thy speech./ Be a lamp unto those who walk/ in darkness, and a home/ to the stranger./ Be eyes to the blind, and a guiding light/ unto the feet of the erring./ Be a breath of life to the body of/ humankind, a dew to the soil of/ the human heart,/ and a fruit upon the tree of humility.*

A Croácia é um belo país. De manhã o sol se erguia por cima das árvores e as folhas úmidas brilhavam como pedras preciosas. Eu me sentava perto da porta durante as sessões, quase todas as manhãs. Ela ficava sempre entreaberta e podia ver o céu escuro ir ficando cinza, depois laranja escuro, cada vez mais brilhante, até parecer em chamas. Quando saíamos, o sol já escaldava nossas cabeças, esquentava o chão.

Durante o almoço, Toni e eu ficávamos sentados num banco do lado de fora. A refeições eram sempre vegetarianas e compostas em geral de uma grande variedade de legumes, pão e frutas de sobremesa. Uma vez ou outra, as mulheres preparavam um tipo de macarrão grosso cozido feito sopa ou servido com um molho leve de azeite. Embora simples, a comida era deliciosa e saudável. Os Emissários acreditavam no respeito ao corpo, mas sem fazer disso uma obsessão. O corpo é um instrumento, um veículo de comunicação. A preocupação excessiva faz com que esqueçamos seu verdadeiro propósito. Negligenciar ou maltratar o corpo é esquecer que ele é uma dádiva que nos ajuda a ampliar a Luz Divina. A vida na comunidade dos Emissários era o equilíbrio perfeito entre as necessidades da alma e as exigências do corpo.

Perguntei a Toni se estava lá quando os sérvios da Bósnia atacaram a região há quatro anos. Ele respondeu que sim, e na época fazia apenas um ano que estava na comunidade e ainda não tinha se adaptado totalmente ao ritmo de vida dos Emissários. Um dia, reuniram toda a comunidade e avisaram que as semanas seguintes seriam muito difíceis. Pediram que todos ficassem o dia inteiro em silêncio, falando uns com os outros apenas o estrita-

mente necessário. Tinham que aumentar as suas energias e conservar as suas forças. Uma semana depois, o ataque começou. A base ficava talvez a uns dois quilômetros e meio dali. Havia outra base militar a oito quilômetros na direção leste.
– Estávamos no meio da sessão quando o ataque começou – disse ele. – Foi por volta das três horas da manhã e podíamos ouvir os foguetes passando por cima de nós. O alvo eram duas cidades croatas a dezesseis quilômetros de distância daqui. Ficávamos quase o tempo todo na casa de meditação. Comíamos muito pouco e não conversávamos. Eu achava tudo muito estranho, porque estava aqui há pouco tempo. Os helicópteros sobrevoavam a comunidade todos os dias. Os Emissários quase não saíam da roda e os outros passaram vários dias deitados no chão na casa de meditação. Eu estava assustadíssimo. Queria ir embora, voltar para Split, mas não fui. Dezenas de soldados passaram por nós. Às vezes eu escutava suas conversas quando atravessavam a floresta. Semanas depois descobrimos que os sérvios tinham dominado grande parte da Croácia. A comunidade estava bem no centro da guerra, e foi assim por quatro anos. Mas, exatamente como você, sentia que estávamos protegidos. Enquanto estivéssemos com os Emissários, não importava o que acontecia ao redor.
– Alguém mais veio visitar a comunidade? – perguntei.
– Só quem foi chamado a participar no trabalho dos Emissários. Duro, por exemplo, é muito importante para nós. Os Emissários trabalham muito no plano superior das idéias, com freqüência inspirando as pessoas a se mobilizarem no sentido da conscientização. Pode-se dizer também que os Emissários são o equivalente físico de um contingente espiritual muito maior, a que chamamos de anjos ou santos. Não importa o nome, eles são capazes de fazer o mesmo trabalho dos Emissários, embora em níveis muito mais sutis. O véu entre o físico e o espiritual é, na verdade, muito tênue. Os Emissários cruzam à vontade esta fronteira, assim como os guias angelicais conseguem atravessar para o plano físico.
"A humanidade tem uma visão muito limitada das coisas. Tendemos a julgar as coisas só pelas aparências. É por isso que erramos tanto. A aparência é apenas um minúsculo fragmento do

quadro geral. É como tentar compreender um romance lendo uma página apenas. O que você pode deduzir a respeito do livro como um todo, fatalmente estará errado. Os Emissários, em harmonia com os guias em todos os níveis, inspiram a humanidade a abandonar a sua perspectiva limitada e ver a realidade de uma nova maneira."

Naquela tarde, retornei à cabana do Mestre à hora de sempre. Havia uma coisa que eu queria lhe perguntar, algo em que vinha pensando há vários dias. A estranha sensação de estar protegido no meio de tamanha violência me fez pensar numa outra cidade da Bósnia que vivia um fenômeno semelhante. Sabia que não muito longe dali ficava a famosa Medjugorje, onde muitos acreditavam que Maria, mãe de Jesus, vinha aparecendo há quase quinze anos. Em 1981, antes que a Bósnia e a Croácia se declarassem independentes da Iugoslávia, seis crianças disseram ter visto Maria numa colina nos arredores da aldeia. Dizem que ela trouxe uma mensagem de paz, aparecendo para as crianças todos os dias e pedindo ao povo para rezar e confiar em Deus. Ela profetizou que uma grande guerra destruiria esta região do mundo. Muitas coisas que ela previu tornaram-se realidade. Milhares de pessoas afluíram em bando para a minúscula cidade, mesmo com as bombas explodindo nas montanhas lá longe. Milhares de outros jovens no mundo inteiro tinham muita fé nestas aparições. Durante anos a igreja e as autoridades civis tentaram desmentir as crianças. Não foram bem-sucedidas.

    Um mês antes de deixar os Estados Unidos, eu estava com vários concertos agendados em Mineápolis. Minha família inteira mora nas Twin Cities e fiquei, como de hábito, na casa dos meus pais. Um dia fui visitar uma igreja católica onde deveria tocar no final do outono. Lembrei-me do padre Mahon, de quando freqüentava a Edina High School no outro quarteirão. Ele me convidou para ir até o gabinete falar sobre o concerto. E aí, começamos a falar de Medjugorje. Ele havia conduzido várias peregrinações à cidade e conhecia pelo menos um dos visionários. O mais velho do grupo, que tinha cerca de dezessete anos quando começaram as aparições, tinha casado com uma americana de Boston. O padre Mahon disse que eles estavam na Nova Inglaterra se preparando para o nascimento do primeiro filho. Comentei que tinha vontade de conhecer a Bósnia e ele me deu o telefone deles em Boston, achando que talvez pudessem me ajudar.

Voltando para Boston, liguei e descobri que eles já tinham ido embora. Mas o incidente me deixou intrigado. Minha mãe acreditava muito em aparições e certa vez enfiou na minha mala um livro sobre Medjugorje. Acho que ela pensava que eu estava me afastando do bom caminho e que só a Mãe Santíssima poderia me salvar. Sempre tive um amor muito grande e profundo por Maria, e embora o meu caminho parecesse estar me afastando das fronteiras normais do catolicismo, minha dedicação e o meu amor continuavam fortes.

Quando cheguei na cabana, a fogueira já estava alta e o Mestre, no lugar de sempre. Sentei-me diante dele.

– Não tenho nenhum plano em particular. Portanto, se quiser me perguntar alguma coisa, hoje é um bom dia.

Seus dons mediúnicos não me surpreendiam mais.

– Fale-me sobre Medjugorje – disse eu. – Parece que a Mãe Santíssima vem se manifestando por aqui há vários anos, e acho interessante que isto esteja acontecendo tão perto dos Emissários.

Ele sorriu como eu nunca tinha visto antes.

– O que quer saber? – perguntou. – Quer que eu lhe diga se ela está realmente aqui? Talvez queira ouvir que não está. Ou talvez queira saber se existe alguma relação entre ela e nós.

– Não sei o que eu quero saber. Só quero saber o que você pensa.

– Tudo bem. Primeiro, Maria está mesmo aparecendo em Medjugorje. Está contente agora? As crianças não estão malucas, nem são mentirosas. Mas também lhe direi que as coisas nunca são o que aparentam ser. O que você sabe sobre a mensagem de Maria em Medjugorje? Percebe que ela diz basicamente as mesmas coisas que eu digo para você?... Talvez não da mesma forma, mas a mensagem é a mesma. Ela pede às pessoas que evitem os conflitos e busquem a paz. Ela acentua a necessidade de se buscar Deus, de se entregar e confiar na orientação de Deus. E ela nos pede para agradecer as dádivas divinas, a felicidade, o amor e a alegria, e nos fala que só dando é que se experimenta plena-

mente essas dádivas. Ela pode usar outras palavras, uma linguagem mais católica, mas diz a mesma coisa.
— Mas fala também de sacrifício e pecado — observei. — Você nunca fala disso.
— Agora você está fazendo uma pergunta diferente: O fenômeno que as crianças estão vivenciando é o quadro inteiro, a verdade inteira? Para saber isso, você precisa compreender um pouquinho melhor como a revelação divina funciona. Quando digo que Maria está aparecendo em Medjugorje quero dizer que as crianças estão assistindo a uma revelação divina. As revelações divinas acontecem de várias formas. Podem ser sutis como uma súbita visão interior inspirada por um belo pôr-do-sol. Podem também ser dramáticas como uma aparição. O objetivo de qualquer revelação divina é inspirar paz. Tudo que Maria disse em Medjugorje é sobre paz, e é por isso que eu digo que é real. Se a sua mensagem fosse sobre vingança, ou jardins de rosas, eu não diria. Mas isso ainda não esclarece se as crianças estão vivenciando toda a verdade ou não.

"As crianças em Medjugorje ouvem uma mensagem verdadeira, mas compreendem essa verdade apenas dentro dos limites dos seus conceitos. Nossas crenças são filtros coloridos que colocamos entre nós e a verdade. A verdade é um feixe claro de luz que, ao ser filtrada, muda de cor. Se o seu filtro é azul, a luz será azul. Continua sendo o mesmo feixe de luz, mas as nossas crenças alteraram a sua cor. Nossas crenças religiosas são um dos filtros que usamos para compreender a verdade. As crianças de Medjugorje são católicas. Estou certo de que receberam uma boa educação católica. Sabem rezar o terço e dizer a Salve-Rainha. Não é natural, portanto, que Maria seja a expressão da revelação divina que elas testemunham e que a mensagem que escutam tenha decididamente um tom católico? E se fossem crianças muçulmanas? Acha que Maria teria aparecido para elas, ou é mais provável que aparecesse alguém mais familiar, talvez Maomé?

Lembrei-me de ter participado de uma peregrinação a Fátima, em Portugal, aos dezesseis anos. Foi lá que tinha se dado uma outra aparição famosa de Maria, em 1917, para três crianças. A missa foi ao ar livre e congregou mais de oitocentas mil pessoas, todas acenando com lenços brancos enquanto a imagem da santa era transportada por entre a multidão. Embora emocionado com a fé de todo aquele povo, a maneira como muitas pessoas usavam o fenômeno para aprofundar conflitos com outras religiões e denominações me deixou confuso. Grande parte da autenticidade da fé católica se baseia no fato de Maria só ter aparecido para os católicos. Mais tarde aprendi que as aparições são comuns em muitas religiões, mas apenas dos santos ou profetas reconhecidos pela fé de quem os vê.

– Esta explicação não pretende negar ou limitar as aparições, apenas compreendê-las – continuou o Mestre. – Como já disse, o fato de as aparições acentuarem a paz e a harmonia prova que são reais. Não há dúvida de que existe uma insurreição de inspiração divina em Medjugorje, assim como há uma insurreição de inspiração divina onde você está sentado agora mesmo. A missão dos Emissários está intimamente ligada a Medjugorje. Nesses últimos cem anos, a maior parte dos registros de aparições de Maria se deram em áreas de extremo conflito, onde também sempre estiveram os Emissários. Durante a Primeira Guerra Mundial, por exemplo, época de muita agitação na Europa, Maria apareceu para três crianças em Fátima. Mas não foram estes os únicos casos de revelações divinas, e nem todos envolviam Maria. Muita gente vivenciou fenômenos semelhantes, porém dentro da fé das suas próprias tradições.

Eu me levantei e fui atrás dele.

– Então, o que você está dizendo é que não importa se é Maria, um anjo ou Buda. A revelação é uma dádiva que recebemos e interpretamos segundo as nossas próprias crenças.

– Excelente, Jimmy. Sua mente está se abrindo. É exatamente o que estou dizendo. Como já disse tantas vezes, não existe separação, não existe nada fora da sua mente. Você só vê o que se permite ver. As crianças em Medjugorje seriam incapazes de ouvir uma mensagem de alguém em quem não acreditam. Imagine se Krishna aparecesse numa colina em vez da Mãe Santíssima. Um homem sensual no alto da colina, é o que veriam. Mas coloque esta mesma visão na Índia, diante de seis crianças hindus e a reação seriam bem diferente. A mesma revelação, um mensageiro diferente.

– Se você perguntasse para minha mãe, ela lhe diria que a revelação divina só acontece aos católicos – disse eu.
– E esse é o filtro através do qual a sua mãe vê. Se ela acredita que só ela está certa e que pessoas com outras crenças não podem ter experiências divinas igualmente válidas, então ela está colocando um teto sobre a sua própria experiência. Este é o problema dos conceitos, eles sempre têm um limite, ou um teto. O objetivo básico, e isso é o que você está aprendendo aqui, é não ter teto. Isso acontece liberando todos os seus conceitos. Quando você deixa de usar símbolos para ver Deus, você vê Deus diretamente, você vê a realidade que está além de todos os símbolos e conceitos. Esta é a experiência do não-julgamento, e ela está presente em todas as religiões e tradições. É pelo não-julgamento que todas as religiões e tradições se unem e se tornam uma só.

Suas explicações fizeram sentido para mim. De alguma forma ele estava fechando o abismo que eu sentia existir entre a forma como fui educado e as coisas em que acreditava agora. Muitos amigos meus se consideravam "católicos em recuperação". Nunca me liguei muito nesses sentimentos por que conseguia patinar pelos aspectos negativos do catolicismo e ver sua beleza e profundidade. A mensagem da Igreja, no entanto, continuava centrada na culpa, no pecado e no castigo. Tudo que eu agora estava vivenciando me mostrava outra coisa: um Deus do perdão, não do castigo.

Quando terminamos, já era o fim da tarde daquele dia. Eu tinha a sensação de que minhas aulas estavam prestes a chegar ao fim. Eu me perguntei o que aconteceria depois. Para que estava sendo preparado? O que faria com tudo o que ele me ensinava? Havia ainda tantas perguntas a fazer, tantas incertezas. Embora tivesse aprendido muito na última semana, sentia que ainda havia muita coisa pela frente. Vi Nadina, quando estava indo para casa. Ela estava sentada à beira do tanque, o olhar perdido no espaço. Quando me viu, sorriu e acenou para que me sentasse ao seu lado.

– Aqui é tão tranqüilo – disse. – Não sei o que está acontecendo, mas alguma coisa está mudando dentro de mim. Eu sinto. Estava tão preocupada antes, nada dava certo, não estava satisfei-

ta com a minha vida. Agora percebo que não tenho que sair de Rijeka para ser feliz. Posso ser feliz exatamente onde estou.
Eu me aproximei e segurei a sua mão.
– Sabe, Nadina, várias vezes quis segurar a sua mão assim.
Ela ergueu o olhar e sorriu.
– E por que não segurou?
– Não sei. Uma parte de mim queria essas emoções românticas, mas a outra sabia que as coisas já estavam perfeitas assim. Aprendi muito desde que cheguei aqui, e parte do que aprendi é que amor não é apenas romance e sensações agradáveis. É estar presente do jeito como alguém precisa de você, não do jeito que você quer. Você e eu já nos ajudamos de várias maneiras, e acho que isso é mais amor do que qualquer outra coisa. Nós provavelmente teríamos nos divertido muito juntos em Zagreb, mas nos sentiríamos estranhos e distantes, e nada disto teria acontecido. Prefiro assim.
Ela se inclinou e me beijou o rosto.
– Estou feliz por estarmos aqui. Talvez eu não saia mais daqui – disse ela, sorrindo.
– O que quer dizer? – perguntei. – O que vai fazer se ficar?
– Não sei, mas estou pensando. Tenho passado muito tempo com as mulheres daqui. É divertido ajudá-las. Provavelmente voltarei para Rijeka, mas a idéia de ficar me tenta.
– Já disseram quando vamos embora? – perguntei.
– Pensei que você soubesse – respondeu. – Estamos aqui por sua causa.
– Alguma coisa me diz que não vai demorar. Acho que as minhas aulas estão chegando ao fim e o Mestre parece ansioso para que eu comece logo a minha suposta missão. Mas não sei se é uma boa hora para sair daqui. E se cairmos direto na guerra? Se a ofensiva croata já começou, haverá soldados por toda a parte. Talvez não seja seguro.
– Não vai ser seguro nunca – rebateu ela. – A guerra não vai terminar em uma semana. Temos que confiar nos Emissários. Veja o que aconteceu dois dias atrás. Eu tinha certeza de que já estávamos mortos, mas eles não nos viram. Se podem fazer aquilo, então certamente podem nos levar de volta para Rijeka.

– Você virá também, se formos embora?
– Veremos. Eu vim para cá por um motivo. Todos nós recebemos um presente extraordinário. Só um punhado de pessoas no mundo sabe que este lugar existe. Não imagino como vai ser quando isto terminar, mas é bastante excitante. Venha, vamos voltar para casa.
– Antes quero que você faça uma coisa para mim.
– O quê? – ela perguntou.
– Imagine um pedaço de fruta, a que você quiser.
Ela me bateu no braço e nos levantamos para ir embora.
Snjezana, Gordana e Duro já tinham se recolhido quando chegamos. Eram quase seis horas e em breve eu teria que entrar. Mas senti necessidade de estar com todos, como se a nossa jornada estivesse para terminar e nós tivéssemos que completar de alguma forma a nossa experiência. Como Nadina, os outros também tinham mudado. Era impossível estar perto dos Emissários e não ser afetado pela energia. Eu compreendia porque Nadina queria ficar. Fiquei pensando se os outros não estariam sentindo a mesma coisa.
– Não fosse o meu filho, ficaria – disse Gordana. – Ele precisa de mim e sei que o objetivo não é estar aqui fisicamente. Posso levar esta Luz comigo para onde for. Mas, se pudesse, ficava. Por que não? O trabalho dos Emissários talvez seja o mais importante do mundo. E no entanto é tranquilo, retirado. Eles trabalham em segredo, sem prestígio ou louvores. Ninguém nem mesmo sabe que eles estão aqui. As pessoas seguem suas vidas sem saber quem está cuidando delas, como crianças que não avaliam totalmente o que seus pais fizeram para criá-las. O mundo talvez não saiba nunca o que os Emissários fizeram, porque este é o amor incondicional na sua forma mais pura.
– Eu não ficaria, mesmo se não tivesse uma filha – disse Snjezana. – O mundo está pronto para caminhar sozinho, e eu quero estar lá. Sinto como se tivéssemos assistido ao parto de uma nova humanidade. Quero ver isto crescendo, ver o que vai acontecer agora. Haverá dores e traumas de crescimento, mas se as coisas acontecerem como desconfio, será muito excitante. Acredito que vá ensinar o que aprendi aqui. Jimmy voltará para a América e eu ficarei na Croácia para ampliar a Luz e trazer a paz.

Duro não disse nada. Estava claro que ele já fazia exatamente o que devia fazer. Ele estava entre o mundo e os Emissários. Ele observava as mudanças, via o crescimento e tranqüilamente trabalhava para unir os dois. Ele me encontrou e me trouxe até eles. Eu ainda não compreendia como isso tinha acontecido, mas aconteceu. Eu achava que estava aqui por uma causa, mas essa causa aumentou e adquiriu vida própria. Eu estava, de fato, fazendo o que tinha me proposto fazer – trazer a paz. Por causa de Duro eu estava conseguindo isso de uma forma como nunca havia imaginado antes.

Conversamos por mais de uma hora. Havia uma sensação de coisas concluídas, e eu tinha certeza de que em breve iríamos embora. Eu ia sentir saudades do Mestre. Ele era mais do que um guia, era o meu salvador. Ele e os outros Emissários vinham há séculos nos salvando. Eu sabia que eles estariam comigo, me guiando quando eu voltasse para os EUA. Ainda existiam dúvidas, mas havia também a confiança de que me dariam tudo que eu precisava. A distância entre nós não tinha importância. Eles estariam comigo para sempre, no meu coração e na minha mente. A jornada estava apenas começando.

Naquela noite os meus sonhos foram confusos e incoerentes. Apesar de toda a felicidade que dividia com meus amigos, continuava assombrado com os meus medos. Eu estava sozinho no meu sonho, esquecido e ridicularizado. Eu tentava falar, mas ninguém me ouvia. Todas as pessoas que conhecia me viravam as costas e me abandonavam. Eu atravessava correndo uma floresta como se estivesse sendo perseguido. Depois eu me escondia num armário. Nada disso fazia sentido. Passei a noite inteira agitado, me virando na cama, a mente cheia de imagens assustadoras.

No dia seguinte, não conseguia me concentrar durante a sessão. As mesmas perguntas e preocupações voltaram a me assaltar, não só a respeito de ter sido escolhido para esta suposta missão, como também se estaria ou não me sentindo melhor. Estava cansado das minhas variações de atitude. Sempre que me sentia totalmente seguro sobre a minha missão, o medo estava ali à espreita. Eu tinha passado a noite anterior com meu amigos, agradecendo as dádivas que todos tínhamos recebido, e aqui estava eu de novo, perdido e confuso. Tinha medo da responsabilidade, medo da energia que estava experimentando, medo de tudo. Por uns momentos senti que se soubesse onde estávamos provavelmente iria embora. Mas sair dali era impossível. Mesmo que me lembrasse do caminho de volta, era perigoso demais. Não tinha outra escolha a não ser esperar. Quando me aproximei da cabana mais tarde, naquele mesmo dia, o Mestre estava sentado no lugar de sempre. Percebi que ele me observava subindo a trilha. Não havia como esconder os meus sentimentos. Sentei no tronco diante dele.

– Vamos, diga – falei, sem olhar para ele.
– O que você quer que eu diga? – perguntou.
– Você sempre sabe o que estou pensando antes que eu diga qualquer coisa. É um dos seus dons de Emissário, não é? Significa que sabe que estou confuso. Sei que não faz sentido, não tenho razão lógica alguma para achar que você me enganou ou que alguma coisa que você disse não é verdade. Acho que só estou com medo.
– O que quer fazer a esse respeito?
– Quero ir embora, mas isso é impossível.
– Pode ir quando quiser. Você não é um prisioneiro. Se quiser, falo com Duro para preparar sua partida agora mesmo.
– Mas, e os soldados? E se a luta ainda não tiver terminado?
– Eu não me preocuparia com isso, se fosse você. Duro sabe o que está fazendo. Tenho certeza de que vai conseguir passar por eles.
– Mas, e os outros? Talvez ainda não estejam prontos para ir.
– Você tem certeza de que deseja ir embora? – perguntou, sorrindo. – Para alguém que está procurando uma saída, você está dando muitas razões para ficar.

Respirei fundo.
– Não sei o que eu quero. Na verdade, não quero ir embora. É claro que acredito em tudo que me ensinou. Mas tenho medo do que vai acontecer. É tudo radical, não só no que se refere aos Emissários, mas quanto a tudo isso que aprendi com você. Vai contra tudo que o mundo acredita.
– Então, o que você realmente quer, Jimmy?

– Quero parar de ter medo. Quero aprender para poder me compreender. Fico me dizendo que é preciso liberar o medo. Como vou ensinar isso, se eu mesmo não consigo deixar de sentir medo?

– Tudo bem, vamos tentar uma coisa. Feche os olhos e respire fundo. Agora quero que você explique o seu medo da maneira mais clara e específica possível. Não use muitas palavras, diga apenas de que você está com medo agora.

Pensei no que ele disse. Havia tantas coisas dando voltas na minha cabeça que era difícil precisar uma delas.

– Tenho medo que as pessoas achem que estou maluco – disse, finalmente.

– Você teme que as pessoas achem que você está maluco por quê?

– Tenho medo de que as pessoas pensem que sou maluco se lhes falar sobre os Emissários.

– Tudo bem, isso é bom. Agora, fique com esta idéia na cabeça e elimine todos os outros pensamentos e preocupações. Concentre-se nisso. Identifique em que parte do corpo sente isso. Depois imagine que o medo é uma bola de energia. Se for no estômago, imagine uma bola de energia plantada ali. Faça isso da maneira que for mais natural para você. Se você for uma pessoa visual, veja a cor e o tamanho da bola. Se for mais tátil, então sinta a forma e a textura. Agora solte o pensamento que deu origem ao medo. Solte a sua preocupação de despertar risos ou parecer tolo. Esqueça tudo isso e deixe o medo ficar sozinho. Observe-o, mas não faça nada com ele. Observe apenas o que ele faz, como ele se move e reage. Não permita que ele se agarre a nenhum pensamento. Isso é o que dá energia ao medo. Deixe que ele se dissolva por si só. Se quiser, pode levá-lo para o peito e imaginar a porta no coração como antes. Ou, simplesmente, pode deixá-lo desaparecer. Sem o pensamento que criou o medo, ele se dissolve sozinho. Você não precisa lutar contra ele. Deixe apenas que se vá.

"Agora, se quiser, o medo pode ser substituído por outra coisa. Sinta-se aceito, compreendido e apreciado. É o que você quer realmente, não é? Deixe que este novo sentimento entre no seu corpo e veja onde ele se deposita. É no seu coração ou na sua cabeça? Agora concentre-se neste novo sentimento. Aceite-o no seu ser. Dê-lhe as boas-vindas. Peça-lhe para curar as feridas causadas pelo medo. Não associe nenhum julgamento a este novo sentimento. Deixe que ele entre e se sinta em casa. Depois abra os olhos.

Fiquei espantado com o resultado desse exercício. Embora deixasse ainda algum resíduo, o medo paralisante se fora.

– Como disse antes, energia é energia – falou o Mestre. – Quando liberamos nossos julgamentos e tratamos nossas emoções como energia, fica mais fácil trabalhar com ela. O mais importante é lembrar que essa energia precisa se movimentar. Se ficar presa lá dentro e não for liberada, cresce e atrai mais medo. Uma idéia assustadora leva a outra, e quando você perceber estará sentado sobre uma carga negativa enorme. Teria sido mais fácil liberá-la se tivesse recebido atenção logo de início. Não tenha medo do seu medo. A chave para permanecer tranqüilo é manter a energia em movimento. Não lhe dê oportunidade para estagnar.

Ele se levantou e fez um gesto para que eu o acompanhasse.

– Venha, vamos dar uma volta.

Fomos andando até a trilha que levava para o resto da comunidade. As outras casas ficavam a sete ou oito minutos de distância, e fiquei na dúvida se era para lá que íamos. Passamos por uma das mulheres trabalhando no jardim. Ela sorriu e acenou. Passamos pela casa de meditação, depois continuamos em direção à casa dos assistentes. Toni estava sentado numa cadeira perto da porta e Duro cortava lenha. Nenhum dos dois pareceu surpreso em nos ver. Isso me deixou confuso porque tinham me dito que o Mestre não interagia com os outros. Achei que deveriam ter tido uma outra reação, como se a visita dele fosse uma honra. Aprendi, então, que embora respeitem o Mestre e os outros Emissários, não os tratam como gurus ou santos. Os Emissários ensinam a igualdade, independente da função ou trabalho da pessoa. Colocar alguém sobre um pedestal cria divisões, e as divisões geram medo.

Passamos por eles e entramos. Três outros assistentes estavam remexendo na casa. Sorriram e nos cumprimentaram quando entramos. O Mestre lhes disse alguma coisa em croata, acho que pediu café. Um deles pôs a água para ferver e o Mestre com um gesto me convidou para sentar à mesa. Puxou uma cadeira e sentou-se na minha frente. Em poucos minutos vários outros entraram e foram convidados a se juntar a nós. O Mestre pediu a um dos assistentes que chamasse os outros. Nadina, Snjezana e Gordana chegaram com as outras mulheres. Não demorou muito e todos os assistentes, as mulheres e os meus amigos estavam na casa, todos menos os outros onze Emissários. Depois que todos beberam uma xícara de café ou chá, o Mestre começou.

– Hoje é um dia muito importante – falou, fazendo uma pausa a cada frase para que Toni pudesse traduzir suas palavras para o croata. – Durante muitos dias estive com Jimmy, ensinando-o sobre a nossa vida aqui. Ele esteve conosco nas sessões e experimentou a Luz Divina. Aprendeu a relação entre simplicidade, paciência e compaixão e aprendeu a incorporá-las à sua vida. Aprendeu a se render, a confiar e a ser grato pelas dádivas da criação. E agora ele aprendeu a enfrentar o seu próprio medo, a observá-lo e deixá-lo ir, e até a ampliar a Luz Divina. Tenho apenas que lhe ensinar mais uma coisa, e quero que todos estejam presentes também. Sem esta, as outras lições não fazem sentido.

"A lição final é sobre o verdadeiro significado do amor. Eu já disse antes que o medo é o bloqueio auto-imposto à conscientização da presença do amor. Quando o medo é liberado, o amor se revela. Mas a verdadeira experiência do amor é muito maior do que qualquer coisa que vocês possam agora imaginar. É muito maior do que a idéia de amor. Ela está acima de todas as imagens e símbolos que vocês criaram para não escutar a voz do amor. E, no entanto, está mais próxima do que vocês pensam, mais próxima do que o seu hálito, ou até do sussurro silencioso do amor que anseia por si mesmo. E qual é o segredo que o amor sussurrou aos seus ouvidos moucos, o eco distante que os assustou tanto. Só isto: Vocês são a essência do Amor. Agora mesmo, do jeito que vocês são, apesar de todas as idéias preconcebidas que têm de si próprios, o amor clama por vocês e os aceita.

"Você esqueceram quem são, porque, temendo perder o amor, negaram aquilo que é a sua essência. O amor, por sua própria natureza, é gratuito. Mas essa dádiva só é reconhecida quando retribuída. Só quando o amor sopra de um coração a outro, ele é plenamente experimentado. Quando se nega o amor ele é esquecido e, como vocês e o amor nasceram juntos, vocês também são esquecidos. Ele fica escondido dentro de vocês, ao lado da lembrança também esquecida do seu verdadeiro Eu. Embora dormindo e sonhando, ele aguarda o alvorecer quando seu nome será chamado e ele ressuscitará. E o despertar do amor é também o seu despertar, pois vocês são intimamente ligados, feitos para doar generosamente o que vocês são: a plena consciência da presença do amor. Mas para que este despertar aconteça é preciso que vocês estejam dispostos a desistir de todos os meios com que tentaram limitar e conter o amor. Não se pode guiar os caminhos do amor. Se vocês se submeterem à visão pura do amor, no entanto, ele os guiará, mostrando-lhes uma nova visão de vocês mesmos.

"O amor verdadeiro, ou incondicional, não tem consciência das estranhas exigências que vocês impõem aos seus relacionamentos. O amor é o mesmo para todos. Suas tentativas de reservar o amor para determinados relacionamentos e negá-lo em outros foi o que os impediu de ver a presença do amor. Sejam generosos como o amor é generoso – como o sol que ilumina a todos, ou o pardal que não canta para quem o ouve, mas canta por cantar. Quando se dá amor, a recompensa é o amor. Quando vocês julgam que algumas pessoas merecem o seu amor e outras, não, são vocês que não são merecedores; não por terem sido julgados pelo amor, mas porque esqueceram a regra do amor.

"Vocês são, essencialmente, a origem do amor incondicional. A água que distribuem refresca todo o universo, pois vocês não estão separados do universo e, sim, intimamente ligados a tudo que faz parte dele. Distribuam gratuitamente o seu dom, portanto. Deixem-no fluir e inundar todas as pessoas que virem, todas as que cruzarem o seu caminho. Não pensem que ficarão impedidos de se relacionar com mais envolvimento com uma pessoa do que com outra. Envolvimento nada tem a ver com amor. Nas suas vidas sempre haverá pessoas com quem a sintonia dos seus pensamentos será mais intensa, e outras com quem isso não acontecerá. Mas o seu amor é o mesmo para todas. É apenas o reconhecimento da mesma vida da qual vocês estão continuamente renascendo.

"Amor é o saber; é a pura compreensão. Ele sabe que todas as coisas são um todo, independente da sua aparência ou delírio, e ele se dá integralmente, sem julgar, sem reconhecer a diferença entre este ou aquele relacionamento. Ele compreende que existe apenas um relacionamento real e é aquele que todos partilhamos, o Eu que está além da idéia de Amor, o encontro sagrado da vida com a vida. O segredo do amor incondicional é que somos todos iguais. Sagrados além da imaginação. É isso o que a liberação do medo revela. É isso que vocês estão procurando. E é o que encontrarão quando abrirem seus corações para todos os elementos da criação.

Ficamos ali sentados muito tempo sem dizer uma palavra. O silêncio era esmagador. Olhei para o Mestre e pensei ter visto uma mudança. Seu rosto começou a brilhar. A Luz irradiava dele e em toda a sua volta. Depois ela se ampliou incluindo todos nós. Ficamos imersos na Luz. É impossível descrever o que aconteceu porque foi muito além do que o mundo é capaz de compreender. Várias mulheres e assistentes se levantaram. Um deles começou a dar saltos no ar e outro a rir alto. Não demorou muito e estávamos todos rindo e dançando, movidos pela energia e dividindo a Luz. Eu não sabia mais a diferença entre mim e os outros. Naquele instante compreendi tudo. Eu era o Mestre. Eu era Luz. Eu nadava num mar de uniformidade e soube que dali não sairia mais.

ONZE
A fuga

ORAÇÃO SIKH PELA PAZ

*Deus nos julga por
nossos atos,
não pelo casaco que usamos:
porque a Verdade está acima de tudo,
mas ainda mais valorizado
é quem vive por suas regras.
Saiba que alcançamos Deus quando amamos,
e só esta vitória nos conquista realizações
que não passam.**

— SEMENTES DA PAZ

---

* *God adjudges us according/ to our deeds,/not the coat that we wear: / that Truth is above everything,/ but higher still is truthful living./Know that we attaineth God when we loveth,/ and only that victory/ endures in consequences of which no/ one is defeated.*

Alguma coisa tinha mudado, eu sabia. Exatamente o que, não tinha certeza, mas tínhamos dado uma guinada importante. Acordei na hora de sempre e fui para a sessão. Cheguei cedo pela primeira vez. Três assistentes estavam lá e mais ninguém. Os Emissários ainda não tinham chegado. Momentos depois eles entraram no prédio em fila única, na mesma ordem em que costumavam sair. O Mestre vinha por último. Fizeram o círculo em torno da roda e foram parando à medida que cada um chegava ao seu lugar. O Mestre dirigiu-se para o Centro e todos se sentaram ao mesmo tempo. No minuto seguinte os sinos tocaram e começou a meditação. Pensei na roda e como desejaria ter feito mais perguntas ao Mestre. Seu significado e simbolismo continuavam sendo um mistério para mim. Só sei que era o único elemento de ligação entre este grupo de Emissários e os anteriores. A roda sempre existiu. A importância das figuras e os símbolos nela a tornavam eterna.

A noite toda eu me senti vivenciando coisas que nunca tinha vivenciado antes. Minha mente estava aberta e clara, e eu discernia uma sensação estranha no coração e na cabeça. Era como estivessem vibrando. Era uma sensação forte que me distraiu no início. A sensação latejante continuou por cerca de meia hora, depois parou. Entrei em meditação profunda. Retornei pouco depois. Vibrava num ritmo incrível. Quando abri os olhos, a vibração continuou e até afetou a minha visão. Não era uma sensação desagradável, portanto tentei relaxar. Passou-se mais meia hora e ela desapareceu de novo.

Cada vez que ela parava eu via que era capaz de meditar mais profundamente. Minha mente entrou no silêncio total. Embora eu estivesse presente no recinto, estava descansando num lugar tão amplo, tão pleno que parecia que eu não estava lá. Aí a vibração recomeçou. Desta vez foi insuportável. Senti todo o meu corpo pulsando, mas num ritmo tão veloz que não conseguia me mexer. Eu precisava me levantar ou me mexer. Parecia que ia explodir se não parasse logo. Abri os olhos e vi algo inacreditável.

    Luzes fortes saíam de cada um dos Emissários. Os feixes estreitos eram brilhantes e intensos, cada um de uma cor diferente. Era como se a luz estivesse saindo da área ao redor do coração do Emissário. Os feixes passavam pelos raios da roda até o centro, onde estava sentado o Mestre. As diferentes cores pareciam convergir nele, depois dirigiam-se para o alto da sua cabeça até a clarabóia. Quando a luz saía da sua cabeça era deslumbrantemente branca. Fiquei atordoado e intrigado com esta visão. Eu só queria ficar olhando aquele incrível fluxo de energia. Virava a cabeça para frente e para trás, mas isso parecia não afetar a visão. Era como se finalmente fosse capaz de ver algo que estivera ali o tempo todo.

    Soube mais tarde que estava presenciando o verdadeiro trabalho dos Emissários, a ampliação da Luz Divina. Os Emissários ao redor do círculo representavam os doze aspectos da humanidade. Cada um projetava a cor correspondente a um desses aspectos. As cores moviam-se ao longo dos símbolos da roda e eram carregadas de uma força mística. Ao alcançar o centro da roda, o Mestre unia todas numa só. A Luz assim purificada tornava-se branca.

    A Luz então era projetada para o mundo, como haviam me dito. Esta era a Luz que impedia que a humanidade se esquecesse totalmente da verdade. Era esta energia que anulava a carga negativa de milhões de pensamentos, mantendo a humanidade no caminho evolucionário da lembrança da Divindade.

    Fiquei sentado olhando as Luzes. A partir daquele momento passei a vê-las sempre que queria. Era uma exibição brilhante. Ocasionalmente um dos Emissários perdia energia e a sua luz começava a esmaecer levemente. Quando isto acontecia, um dos assistentes projetava um feixe de luz para o Emissário, recarregando-o. Esta parecia ser a principal função dos assistentes. Eu continuava sentindo a vibração, mas num ritmo suportável. Estava excitado demais com o que via para pensar em qualquer outra coisa. Às seis horas meus amigos chegaram. Fiquei imaginando se eles eram capazes de ver a Luz. Finalmente compreendi que era para isso que o Mestre estava me preparando. Ele tinha dito que assim que eu conseguisse integrar todas as lições as coisas aconteceriam por si mesmas.

Quase no fim da sessão a Luz parou de repente. No momento seguinte ouvi o canto familiar na minha cabeça: "Não busque a paz aqui, encontre-a em toda parte." Depois o canto de encerramento começou, e terminou a sessão. Os Emissários se levantaram para ir embora. Ao passarem por mim, todos sorriram, todos menos o Mestre. Era como se não tivéssemos terminado. Ele e eu ainda tínhamos que fazer alguma coisa. Eu não sabia se voltaríamos a nos encontrar ou não. Contava que não tivéssemos acabado, porque ainda tinha muitas perguntas para fazer. Fui o último a sair da sala. Saí sozinho ao encontro de um dia ensolarado.

Naquela tarde almoçamos na casa dos assistentes. Esta costumava ser a minha parte preferida do dia, conversando e aprendendo com essas pessoas. Cada um dos assistentes tinha seu próprio relato de como foram chamados pelos Emissários. A maioria estava lá há vários anos. Ao contrário dos Emissários, os assistentes não estavam comprometidos pelo resto da vida com a comunidade. Serviam durante alguns anos, depois voltavam às suas vidas. Isto com freqüência significava continuar o trabalho dos Emissários no mundo. Eles se tornavam mestres e mentores. Embora guardando segredo sobre a comunidade, seu papel era ensinar as pessoas a compreender a Luz Divina para acelerar a evolução da humanidade.

Toni entrou quando estávamos terminando de comer. Convidou Duro, Snjezana, Gordana e eu para acompanhá-lo até uma outra sala. Fechou a porta atrás de nós.

– Me disseram para ajudar vocês a arrumar seus pertences para ir embora hoje à tarde – disse ele. – É bom começar logo, para podermos pegar o carro antes de escurecer.

– Por que estamos indo agora? – perguntei. – Ainda não aprendi tudo...

– Você já sabe o suficiente, por enquanto – continuou Toni.
– Suas aulas não terminaram, vão ser diferentes a partir de agora.

Se vocês não partirem, vai ficar difícil passar pelos soldados. A área inteira está agitada e é muito perigoso, mas temos que arriscar. Tenho certeza de que estarão seguros.

Descemos a trilha até a nossa casa e juntamos nossas coisas. Os outros assistentes e as mulheres vieram se despedir. Estava triste por ir embora tão cedo, tão de repente, especialmente depois da experiência na sessão da manhã. Nós nos abraçamos e fomos logo embora. Nenhum dos Emissários, ou o Mestre, veio se despedir ou nos viu sair.

As montanhas estavam tranqüilas quando começamos a nossa jornada. Tinham se passado três dias desde o bombardeio e fiquei na dúvida se a ofensiva croata teria terminado. Era difícil acreditar que estava tudo acabado. Mal começou, e já tinha terminado, sem dramas ou emoções, sem nem chance de dizer adeus. Será que eu conseguiria voltar algum dia? Não tinha idéia de onde estávamos, exceto que era perto da fronteira com a Bósnia. Não seria capaz de descobrir o caminho sozinho.

Lá pelas quatro e meia fizemos uma rápida parada. Duro disse que tínhamos ainda duas horas pela frente até chegar onde estava o carro, por isso era melhor não demorar.

Nadina sentou-se ao meu lado.

– Por que não ficou? – perguntei.

– Por que não era para ser assim – respondeu. – Não sei onde devo ficar, mas, seja onde for, as coisas serão diferentes. Foi o que aprendi. A felicidade não acontece, somos nós que fazemos a felicidade. Não importa onde eu estiver, as oportunidades estarão sempre lá. Por enquanto, volto para a linha SOS. Talvez um dia vá para os Estados Unidos, ou quem sabe para o Canadá. Deixou de ser uma obsessão.

Como disse o Mestre, cada um de nós estava ali por um motivo diferente. Eu podia ter sido a atração principal, mas estava claro que Nadina, Snjezana e Gordana tinham mudado. Todas estavam mais tranqüilas e confiantes. O rosto de Nadina também tinha mudado. Fora-se a expressão cansada e frustrada, da vítima forçada a sair de casa na mira do revólver e mandada para um país que não a queria Agora ela estava em casa consigo mesma. Conviver com os Emissários tinha sido muito bom para todos nós.

Duro se levantou e pareceu escutar alguma coisa. Fez um gesto para que ficássemos quietos. Pensei ter ouvido o ruído de motores lá longe. Ele fez outro gesto para deitarmos no chão e ficarmos quietos. Esperou para ver se o ruído vinha em nossa direção. Ouvi os motores pararem e por um momento tudo ficou em silêncio novamente. Nós não nos mexemos. Eu estava mais assustado do que naquele dia em que quase fomos vistos pelos soldados, quando ainda estávamos com os Emissários. Naquele dia, embora os soldados viessem em nossa direção, eu sabia que estávamos seguros. Mas agora era diferente. Não estávamos mais sob a proteção da comunidade. Estávamos por nossa própria conta numa área coalhada de soldados. Até Duro parecia assustado.

Depois de um minuto mais ou menos, escutamos vozes que pareciam vir em nossa direção. Duro se levantou e disse que tínhamos que sair dali rápido. Pegamos nossas coisas e saímos correndo pelo bosque. Eu escutava as vozes atrás de nós. Alguém gritou alguma coisa em croata. Parecia que estávamos sendo seguidos. Os sapatos de Gordana não eram adequados e estava difícil para ela nos acompanhar. Tivemos que ir mais devagar para não deixá-la muito para trás. As vozes estavam se aproximando. Eu suava e o coração batia disparado. Duro continuava olhando para trás de nós, mas a floresta era cerrada e era impossível ver qualquer coisa por entre as árvores. Sabia que ele não era capaz de fazer o ato de desaparecimento dos Emissários, portanto só nos restava correr mais do que os nossos perseguidores. Mas as chances eram poucas. Eu ouvia o ruído dos passos e as vozes eslavas a uns dez metros de nós.

Chegamos a uma trilha no meio das árvores. Snjezana pegou Gordana pelo braço e ajudou-a a correr. Um minuto depois, a trilha desdobrou em duas. Duro parou. Examinou a trilha, depois se virou e olhou para trás. Eles não estavam longe. Não havia tempo a perder. Duro nos disse para descer por um barranco bem ao lado da trilha e nos esconder atrás de uma pedra lá embaixo. Nadina, Gordana e eu começamos a descer a encosta íngreme e Snjezana ficou para trás, pegando as chaves do carro que estavam com Duro. Ela desceu mas ele continuou sozinho lá em cima até ter certeza de que estávamos bem. O que será que ele estava fazendo?

Planejava nos deixar ali e continuar correndo? Ele disparou pela trilha da direita e nós ficamos sozinhos no barranco.
 O que ele estava fazendo? Deve estar tentando atraí-los para longe de nós, pensei. Snjezana me disse para ficar bem quieto agachado atrás da pedra. Ajoelhei no chão com o rosto encostado na pedra, que mal dava para esconder nós quatro. Ficamos ali embolados e eu sentia minhas amigas tremendo de medo. Dois minutos depois surgiram três soldados correndo. Pararam na encruzilhada e ficaram escutando. Eu nem respirava enquanto eles ficaram olhando ao redor, decidindo para que lado ir. Segundos depois, correram para a direita, na mesma direção de Duro.
 Esperamos uns cinco minutos, até termos certeza de que eles não estavam mais ali. Snjezana disse que seguindo pela esquerda chegaríamos ao carro. Duro se viraria sozinho. Tinha se sacrificado para garantir a nossa segurança. Continuamos por aquele caminho durante duas horas até chegar ao campo. O carro estava atrás do celeiro onde o tínhamos deixado. Ninguém tinha dito uma palavra desde que Duro se afastara de nós. Estávamos com muito medo. Entramos no carro e fomos para Rijeka.
 Eu estava dormindo quando chegamos no apartamento de Nadina. Já era meia-noite. Daqui a pouco os Emissários começariam a sessão. Snjezana e Gordana entraram. Conversamos muito pouco durante a viagem, especialmente sobre Duro. Eu não sabia o que fazer. Entramos na sala de estar e nos sentamos.
 – Temos que falar sobre Duro – cobrei. – De onde vinham aqueles soldados?
 – Não sei – Snjezana respondeu. – Estavam muito longe. Mas não podemos fazer nada. Duro tem que se cuidar, agora. É um homem muito esperto e espero que esteja bem. Nós estamos seguros, e isso é o mais importante. Temos que decidir o que vamos fazer com você, Jimmy. Antes de ir embora, Duro me disse que temos que mandá-lo de volta logo para os EUA. Disse que as coisas vão ficar difíceis para você por aqui. Faz uma semana que você desapareceu e o governo vai querer saber onde esteve. Acho que minha amiga Sonja lhe dará o dinheiro da passagem.
 – Não compreendo – disse. – Como posso estar correndo perigo?

– Amanhã você tem que ir para Zagreb e partir – continuou.
– Vou ligar para Sonja de manhã. Ela vai nos conseguir uma passagem. Depois o colocamos num ônibus. – Snjezana pegou a minha mão e as lágrimas escorriam pelo seu rosto. – Vou sentir muita falta de você, mas tem que ser assim.
– Vou sentir falta de você também – Gordana disse. – Mas sei que não é o fim. Desde o primeiro momento, soube que você ficaria para sempre em nossas vidas. Quando esta guerra terminar, quem sabe vamos para a América. Mas agora você tem que ir para terminar o que já começou. Nós o ajudamos até onde foi possível.
– Viremos pegá-lo de manhã – Snjezana disse. – Gordana liga para a rodoviária e eu providencio o vôo. Vamos todos tentar dormir um pouco.

Snjezana e Gordana saíram e eu fiquei sozinho com Nadina. Sua mãe e o seu irmão estavam dormindo. Ela esquentou a água para o chá.

– Foram umas férias e tanto – falei.

– Sim. Quando ficar entediada novamente, chamo você de volta. As coisas ficam muito excitantes com você por perto.

– Nadina, acha que estou pronto para isto?

Ela sentou-se ao meu lado.

– Você veio aqui tocar a sua música, e veja o que aconteceu. Nada disto teria acontecido se você não estivesse pronto. Deve confiar em si mesmo. Não se preocupe, vai saber o que fazer. Quando voltar para os EUA, as pessoas que poderão ajudar vão aparecer. Isto é real. Os Emissários existem e tivemos sorte de fazer parte desta história.

Tomamos o nosso chá e fomos para cama. Eu sabia que ela estava certa. Os Emissários eram reais. Eu não poderia ter inventado uma história dessas. Eu continuava sem saber como faria o que esperavam que eu fizesse, mas sabia que isso ia acontecer de alguma maneira. Também sabia que o Mestre ainda estava comigo. Por isso não tinha se despedido. Deixar a Croácia não afetaria nada. Pronto ou não, tudo aquilo para o qual ele havia me preparado estava para acontecer.

Snjezana e Gordana chegaram no apartamento de Nadina às sete horas da manhã seguinte. Tinham reservado um bilhete só de ida para Chicago. O próximo ônibus saía em uma hora. A mãe de Nadina preparou o café da manhã para nós e relaxamos durante alguns minutos. Ouvindo a nossa conversa, você não imaginaria o que tínhamos passado naquela última semana e meia. Estava contente por ter alguns momentos felizes com minhas amigas antes de partir. Comemos e depois elas me acompanharam até a rodoviária, a dois quarteirões dali.

Estávamos saindo quando o telefone tocou. Era Duro. Estava em casa são e salvo. Os soldados que nos perseguiram eram croatas. Quando eles o alcançaram, Duro disse que era médico e que estava colhendo ervas para seus doentes. Foi levado para o quartel local, interrogado e depois solto. Falei com ele por um momento apenas. Queria agradecer a sua fé em mim. Depois Snjezana disse que precisávamos ir.

Era difícil acreditar que estava indo embora. Sentia-me tão íntimo dessas pessoas e tínhamos passado tantas coisas juntos. Sabia que não era o fim. Era o início de uma história muito longa. Demorei o máximo que pude para entrar no ônibus. O motorista finalmente disse que estava na hora. Os quatro ficamos ali chorando. Entrei no ônibus e ele partiu. Elas ficaram acenando até perder o ônibus de vista.

Chicago estava se recuperando de longa onda de calor quando cheguei. O jato aterrissou em O'Hare, na hora marcada, e eu passei fácil pela alfândega. Fiquei um pouco atordoado naquele primeiro dia. Tudo tinha acontecido rápido demais e eu não me reajustara ao velho ritmo. Fora a diferença de fuso horário, eu ainda estava me recuperando da diferença de energia entre os Emissários e o mundo "real". Desde que saíra da comunidade, não tivera nem uma só chance de parar e ficar quieto. Passei da perseguição dos soldados para uma fuga a jato para evitar a possível desconfiança do governo croata. Quase toda a minha bagagem ficou esperando por mim na Itália. Eu tinha originalmente planejado voltar lá para ficar um mês. Assim que coloquei os pés na Croácia, as coisas mudaram de rumo.

Esperava que um dos meus melhores amigos fosse me buscar. Deixei uma mensagem para Arthur ainda em Zagreb, mas não foi possível saber se ele a recebeu ou se estava livre. Esperei vinte minutos na saída do terminal internacional. Ele não estava lá. Mas isso não significava que não viria, porque Artur raramente era pontual. Dez minutos depois ele chegou. Estacionou, me ajudou com o violão e a mochila, me deu um abraço. Há vários meses que eu não vinha a Chicago e estava ansioso para ver minha filha. Arthur tinha um apartamento no centro da cidade onde costumava ficar. Era tarde e nenhum de nós tinha jantado. Encontramos um restaurante e entramos.

Na viagem de volta aos EUA eu não tinha parado de pensar no que faria em seguida. A quem eu contaria? O quanto eu contaria? As respostas não eram fáceis. Sabia que podia confiar em Arthur. Ele fora um dos primeiros a me apresentar ao *Curso em Milagres*, e tínhamos também dado vários *workshops* juntos. Pedi uma xícara de café.

– Aconteceram coisas inacreditáveis comigo na Croácia – disse, e fiz uma pausa.

Ele sorriu.

– É, inacreditável como?

– Bem, é uma longa história. Quero lhe fazer uma pergunta: Você acha possível existir uma sociedade secreta que vem impedindo o mundo de se destruir? Quero dizer, imagine um grupo de pessoas, não as mesmas, mas uma comunidade de pessoas que vem fazendo um tipo especial de energia funcionar há milhares de anos. São um grupo secreto porque o seu trabalho exige que seus elementos vivam em total reclusão, afastados do mundo. De tantos em tantos anos, a comunidade se muda para onde houver mais violência. Quando isto acontece, surge um novo grupo, que faz o mesmo trabalho e segue a mesma tradição. Eles fazem um tipo especial de meditação que anula grande parte da energia negativa do mundo, substituindo-a pelo que chamam de Luz Divina. O que você acha disso?

Senti como se tivesse acabado de destruir tudo que aprendera. A descrição não poderia ter sido mais ridícula. Arthur sorriu.

– Não sei – disse. – Tudo é possível.

— Não ria, porque passei essas duas últimas semanas num lugar assim. E continuei contando sobre os Emissários e a minha viagem até a comunidade. Ele escutou atento, sabendo que eu não inventaria uma história dessas. Quando terminei, ele estava calmo e parecia acreditar no que eu dizia.

— E o que você vai fazer? – perguntou.

— Você acredita em mim?

— Claro que acredito em você – ele disse, sorrindo.

— Mas você não acha meio estranho? Quero dizer, se alguém chegasse para mim com uma história dessa eu ia achar que o cara era maluco ou... não sei, maluco.

— Por que você mentiria para mim? Não tem motivo nenhum para você descer de um avião e inventar uma coisa assim tão estranha.

— Mas você acha que é fantástico – e obviamente acha que faz sentido.

— Vamos dizer assim – ele falou. – Não é que *não* faça sentido. Quem sabe como essas coisas funcionam? Você sabe tão bem quanto eu que o Espírito age de forma misteriosa. Eu já me perguntei o que será que impede tudo de se destruir. Esta deve ser a resposta. Então? O que vai fazer?

— Não tenho a menor idéia – respondi. – O Mestre falou que eu saberia na hora certa. Bem, essa não deve ser a hora. Devo começar fazendo *workshops*? Devo escrever cartas para revistas?

— Por que não escreve outro livro?

— Porque não faço mais isso. Sou músico, não escritor. Meu primeiro livro não deu em nada. Foi muito divertido, mas preciso de um jeito de informar o mundo inteiro sobre os Emissários. Tenho esta incrível responsabilidade. Não sei por que me escolheram, mas fui escolhido.

Veio a comida e mudamos de conversa. Quando terminamos, fomos para casa. Eu estava exausto. Queria continuar falando, mas não consegui. Mal caí na cama, adormeci.

Na manhã seguinte, fui a Evaston para pegar minha filha, Angela, a quem não via desde abril. Ela era o motivo de eu ter ido para Chicago e não Boston. Além disso, era bom relaxar um pouco antes de voltar à minha vida ativa na Nova Inglaterra. Encontrei-me com Angela na ACM, onde ela estava freqüentando a colônia de férias. Minha ex-esposa, Linda, trabalhava numa agência de viagens a alguns quarteirões dali, portanto resolvemos lhe fazer uma visita. Quando chegamos no escritório, eu fiquei do lado de fora esperando. Pouco depois, Angela apareceu trazendo Linda. Eu tinha esquecido de lhe dizer que tinham me desafiado a raspar a cabeça enquanto estava na Croácia. Nunca fui do tipo que foge a um desafio, e Linda jamais compreendeu por quê. A sua reação me convenceu de que talvez fosse melhor eu não lhe contar nada. Também decidi não contar para ninguém até ver as coisas com mais clareza. Depois de visitar Linda, Angela e eu passamos o dia andando pela cidade. Era exatamente o que eu precisava. Ela passou a semana comigo na casa de Arthur. Quando chegou a hora de ir para Boston eu me sentia um pouco mais à vontade, mas continuava sem saber o que fazer.

Passei dois meses na casa de amigos em Boston. Eu tinha entregado o meu apartamento um mês antes da turnê pela Europa e não estava em condições mentais nem financeiras de procurar outro. Também não queria saber de concertos. Embora a turnê pela Europa tivesse sido um grande sucesso, o que eu recebi mal deu para as despesas de viagem. O único jeito de ganhar dinheiro era tocar em público, mas só de pensar no trabalho que isso me daria, ficava esgotado. Não tinha energia para nada. Andava, à toa, pela cidade. Em breve o pouco dinheiro que tinha economizado acabou e eu comecei a atrasar a pensão da minha filha. A incerteza quanto a minha "função" na vida me paralisava. Eu não tinha ninguém a quem pedir ajuda, porque não tinha falado com mais ninguém sobre os Emissários.

Estava muito deprimido. Um amigo que morava numa ilha na costa do Maine me convidou para ficar na casa dele. Parecia um bom lugar para fugir. Estava cansado de Boston e queria ficar perto do mar. Todos os dias eu caminhava pela ilha esperando que as ondas me trouxessem uma garrafa com respostas para todos os meus problemas. Estava começando a achar que os Emissários tinham cometido um grave erro. Talvez eu não fosse a pessoa para levar esta mensagem ao mundo. Talvez devesse esquecer tudo isso.

Várias semanas se passaram. Perdi contato com a maioria dos meus amigos e quase mais nada me interessava. Caminhando pela ilha eu estava começando a envelhecer. Quando pegava o violão, a música era inconseqüente e sem vida. Eu tentava esquecer tudo que tinha me acontecido. Quase consegui me convencer de que nada acontecera. Ou talvez tivesse me enganado. Talvez aquelas pessoas não passassem de loucas sonhadoras, sentadas no meio da floresta e se fazendo de importantes. Eu vira o que eu quis ver. Era hora de esquecer tudo e tocar adiante a minha vida. Não podia deixar esta maluquice me destruir.

Aí, certa noite, tive um sonho. De repente eu estava de pé, do lado de fora da casa de meditação. Era dia claro e eu me perguntei se haveria sessão. Entrei. Não havia nenhum Emissário sentado em volta da roda. Procurei os assistentes, depois minhas amigas. Ninguém. Olhei para o centro. O Mestre estava sentado ali me observando. Fez um gesto para eu me aproximar. Caminhando sobre os símbolos me dirigi para o Centro e me sentei.

– Já está pronto? – ele perguntou.

– Se está perguntando se estou pronto para começar, estou mais do que pronto. Estou andando de um lado para o outro, esperando uma pista. Estou prestes a desistir. Por que não me diz simplesmente o que devo fazer? É óbvio que você sabe o que deve ser feito.

– Só você pode decidir – ele disse tranqüilo. – A decisão deve ser sua. Você tem tantos talentos, Jimmy. Não importa como você vai fazer isso. Simplesmente comece por algum ponto.

– Não sei se posso. Esqueci praticamente tudo que me ensinou. E no entanto, não tenho energia para fazer mais nada. Me sinto preso pela cintura e imobilizado. Não consigo achar paz em lugar algum, seja na Croácia, em Chicago ou Boston. Onde vou, só encontro confusão.

– Não busque a paz aqui, Jimmy. Encontre-a em toda a parte.

Olhei para ele.

– O que disse? Essa é a mensagem telepática que vocês todos me enviavam no fim da sessão. 'Não busque a paz aqui, encontre-a em toda parte'. Você me falou que diria o que isso significa, mas não disse.

— Você não estava pronto. Quando estava aqui, achava que o nosso trabalho era levar a paz ao mundo. Percebeu um mundo violento, depois definiu as circunstâncias que o tornariam pacífico. Não é isso que os Emissários fazem. Nós não percebemos um mundo violento. É simples. Vemos um mundo que está vivendo com a ilusão de violência, e projetamos a verdade, uma experiência de paz sem paralelo. Esta é a opção que a humanidade não foi capaz de fazer. *Nossa missão não é levar a paz aonde ela não existe, mas revelar a paz onde ela está escondida.* A paz é tudo que é real. Mesmo onde parece existir violência, mesmo quando persiste a guerra e a injustiça, os Emissários projetam a visão da verdade que só reconhece a si própria. É assim que salvamos o mundo, mantendo uma visão do mundo que o mundo tem medo de ver, a única visão que é real – a de que o mundo já está curado, já está sadio e já está salvo.

O Mestre se levantou e fez um sinal para que eu o seguisse até a porta. Estava um dia lindo, como estivera naquele último verão. Fiquei ao seu lado, olhando lá para fora.

— A paz duradoura não virá para um mundo que pensa que tem que escolher entre a paz e a guerra. A única escolha que você realmente faz é entre a verdade e a ilusão. Quando você escolhe a verdade, descobre que a paz está sempre presente, independente de você ter ou não consciência dessa presença. Quando você escolhe a ilusão, é como fechar os olhos para o que está bem à sua frente. E isto é o que significa acordar do sonho da separação. É como abrir os olhos. A realidade não está comprometida com o seu sonho. Ela permaneceu íntegra e inalterada enquanto você inventava o seu próprio mundo onde o ódio e o medo pareciam ter sentido.

" 'Não busque a paz aqui' significa não procure consertar um mundo que nasceu da idéia do conflito. Deixe de lado essa visão do mundo. Busque a paz onde ela está realmente, dentro de você. Depois leve esta paz onde você estiver, a quem você encontrar. E aí o mundo que nasceu do conflito mudará por si só. Ele começará a refletir a sua nova escolha, a de ver a paz onde ela está realmente. Em outras palavras, não procure a paz fora de você. Esta é a maneira mais garantida de não encontrá-la. O mundo e tudo nele parece estar "de fora". Volte-se para dentro, para seus pensamentos e desejos mais íntimos. Procure na sua mente o que está impedindo que você experimente a paz. Quando você descobrir esses bloqueios e os dissolver em amor, então a paz se revelará – primeiro na sua mente, depois no mundo.

"Não acredite em quem lhe diz que você deve mudar o mundo. É fácil ver que essas tentativas sempre tiveram resultados temporários, na melhor das hipóteses. Mude a sua idéia do mundo. Veja-o como uma extensão da sua mente. Encontre a paz e o amor dentro de você e eles automaticamente se projetarão para o mundo.

Ele atravessou a porta e eu o segui.

– A segunda parte, 'encontre-a em toda parte', se refere a esta mudança. Este é o milagre da iluminação. Quando você busca a paz onde ela está, dentro de você, você a encontra por toda a parte, até no mundo. Quando você busca a paz onde ela não está, ou seja, fora de você, não a encontrará em parte alguma. Quando você encontra a paz interior, consegue ver a verdade. Pode parecer que o conflito continua existindo, mas agora você vê além dele. Esta é a função de qualquer Emissário da Luz. Experimentando a paz como a única realidade verdadeira, a vemos presente em toda a parte, mesmo onde o conflito e a guerra parecem a regra geral. Depois projetamos essa visão para a humanidade, mantendo viva a centelha que lembra a verdade. Não tentamos acabar com as guerras, mas desfazer idéias falsas que geram a guerra. Vemos a paz até quando ela se esconde debaixo de séculos de ódio e medo. Experimentando a realidade da paz, desprezamos a irrealidade do conflito. É assim que os Emissários curam o mundo.

Começamos a caminhar em direção à cabana do Mestre. O sonho era real, como se não estivesse sonhando mas sim novamente na Croácia. Passamos pelos jardins e pelas cabanas dos outros Emissários. Onde estaria todo mundo? Era estranho ver a comunidade tão quieta. Depois de alguns minutos, chegamos à cabana. O fogo estava aceso como sempre. Sentamos nos nossos lugares.

– Ver a paz por toda a parte é o ápice de tudo que lhe ensinei, Jimmy. Quando você perceber que só a visão Divina da humanidade é real, será fácil não ver o que é ilusão e projetar a verdade. A paz está em toda a parte. Você pode escolher ver a paz, ou preferir ver a violência, mas isso não muda a verdade. A sua função é curar com a verdade. Pare de tentar levar paz à guerra. Leve a paz para onde há paz, e aí saberá o que fazer.

"Lembra-se do que lhe disse a respeito de ver por trás das máscaras que as pessoas usam? Nossas máscaras são uma forma de esconder quem somos realmente. Não se pode curar uma máscara, mas pode-se curar o que está por trás dela. E como se faz isso? Simplesmente vendo que a face por trás da máscara já é perfeita. Já está curada. A cura, portanto, está simplesmente em ajudar as pessoas a tirar suas máscaras e mostrar como realmente são. É o mesmo que levar a paz ao mundo. Violência e conflito são as máscaras que o mundo veste para não ver a paz que existe sob a superfície. Você vai curar o mundo arrancando esta máscara. Mostrando a bela realidade que nunca mudou.

O canto finalmente fez sentido. De repente eu compreendia tudo. Esta era a chave de tudo que eu tinha aprendido. A Paz Divina é que é real. Este é o fundamento da verdade. Naquele instante soube exatamente o que fazer. Era tão simples, eu não conseguia acreditar que tinha resistido a isso. A resposta estava ao meu redor, sussurrando a solução óbvia no meu ouvido surdo. Eu tinha tomado uma decisão antes de encontrar os Emissários, e estava determinado a continuar com ela. De repente, percebi que isto era o que eu realmente queria.

– Está certo – ele me disse. – Se eu lhe tivesse dito o que fazer, você teria dito a mesma coisa que vinha dizendo. Faça o que tem que fazer e as pessoas que vão ajudá-lo aparecerão. A humanidade está pronta para esta mensagem, Jimmy. Vão acreditar em você, eu lhe garanto. Eles querem acreditar nos Emissários da Luz. O mundo vem esperando por gente que fale a verdade, a verdade que sempre sentiram dentro deles, mas não conseguiam identificar totalmente. Diga-lhes o que os Emissários fizeram por eles. Mas, principalmente, ensine a eles o que aprendeu, diga-lhes que já estão prontos para dar um novo passo, um passo tão minúsculo que mal será percebido. Mas este passo minúsculo é um salto que deixará para trás o conflito e o medo que pareceram reais durante tanto tempo. A humanidade está pronta, mas deve acreditar nisso. Este é o seu propósito, afirmar a sua prontidão. E mesmo quando os Emissários não forem mais necessários, eu estarei presente sempre que precisar de mim. Estou dentro de você, onde sempre estive. Você saberá o que fazer. Você sempre soube o que fazer. Agora vá, e faça.

De repente eu estava sozinho. Acordei e me sentei na cama. Lembrei de ter pensado, quando deixei os Emissários, que as minhas aulas não tinham terminado, sabendo de alguma forma que estava faltando uma peça. Mas tive que ir até o fim da minha resistência para ver isso. Eu não sabia o que fazer. De repente, tudo ficou claro. E percebi que não tinha mais tempo a perder. Desci da cama, acendi a luz e me sentei diante da escrivaninha. Peguei uma folha de papel em branco e escrevi duas linhas:

Emissário da Luz
de James F. Twyman

As pessoas acreditarão em mim, pensei. Acreditarão porque precisam acreditar. Era meia-noite. Escrevi doze horas sem parar.

DOZE
A história não termina

ORAÇÃO CRISTÃ PELA PAZ

Bem-aventurados serão os mansos,
porque eles serão chamados de Filhos de Deus.
Mas eu vos digo que ouvi, amai vossos inimigos,
fazei o bem àqueles que vos odeiam,
abençoai aqueles que vos atormentam,
orai por aqueles que abusam de vós.
Se alguém vos bate na face,
oferecei-lhe também a outra face,
e àquele que vos tomar o manto,
não impedi que tome também vosso casaco.
Dai ajuda a todos os que vos pedirem,
e daqueles que tomarem vossos bens,
não tenteis recuperá-los.
E o que desejais que outros vos façam,
fazei o mesmo a eles.*

– SEMENTES DA PAZ

---

* Blessed are the Peacemakers,/ for they shall be known as/ the Children of God./ But I say to you that hear, love your enemies,/ do good to those who hate you,/ bless those who curse you/ pray for those who abuse you./ To those who strike you on the cheek,/ offer the other also,/ and from those who take away your cloak,/ do not withhold your coat as well./Give to everyone who begs from you,/ and of those who take away your goods,/ do not ask them again./ And as you wish that others would do to you,/do so to them.

Uma boa história nunca acaba. Pensei que esta história estivesse concluída. Na verdade, tinha escrito o livro inteiro, encontrado um agente literário, vendido o manuscrito e feito a revisão da prova final quando tudo começou a acontecer. Era como um sentimento ou uma voz que me dizia que a história não terminara. Começou lentamente, como um ruído baixo, um zumbido no fundo de minha mente, mas quanto mais perto eu estava da conclusão do livro, mais forte ia se tornando. Quando acabei de datilografar as últimas palavras do capítulo anterior parecia um martelar alto de tambor que não podia simplesmente ser ignorado. Parem as máquinas de impressão, isto aqui não está acabado.

Eu estava incrivelmente entusiasmado com relação ao livro e decidi que seria mais fácil publicá-lo se voltasse para Boston. Havia várias pessoas que queria que tivessem lido o manuscrito, pessoas em quem confiava e que fariam bons comentários. Uma delas era David, meu amigo que havia desencadeado esta aventura quando me presenteara com as doze orações da paz, quase dois anos antes. Quando contei a ele o nome da comunidade, Emissários da Luz, ele me falou de uma amiga sua, Bianca, que era membro de uma comunidade espiritual de nome semelhante: Emissários da Luz Divina. David me deu o número do telefone dela.

Bianca concordou em se encontrar comigo para tomar um café em Quincy, uma cidade nos arredores de Boston. Faltavam dois dias para o Natal de 1995. Contei a ela sobre os Emissários, falei sobre o Mestre e todas as coisas que me havia ensinado e sobre a roda da Luz e a meditação de doze horas para a paz. Quando terminei, ela mal conseguia falar.

– Você não tem idéia de como muitas das coisas que acabou de descrever são semelhantes às dos Emissários da Luz Divina – disse ela. – Tem que existir alguma ligação entre os dois grupos.

Decidimos caminhar até a Infinity, uma livraria um pouco mais abaixo na rua do café, para ver que editoras publicavam livros semelhantes ao meu. Havia livros de nova era e auto-ajuda, inclusive histórias de aventuras que continham mensagens espirituais, mas nada que pudesse ser comparado à minha experiência na Croácia e na Bósnia. Bianca pegou um livro que tinha lido recentemente chamado *Magic at our hand,* escrito por Nancy Rose Exeter, Emissária da Luz Divina.

– Olhe, este é o tipo de editora que deveria publicar seu livro – apontou. – Tenho um sentimento estranho com relação a isso.

Estávamos de pé, perto do balcão da entrada, conversando, quando reparei que a mulher na caixa registradora estava nos observando. Presumi que fosse a dona da loja.

– Escreveu um livro? – perguntou finalmente.

Fui até o balcão.

– Escrevi. Passei o verão na Croácia e na Bósnia e tive algumas experiências incríveis. Estou procurando um agente literário. Por acaso conhece algum?

– Na verdade conheço – disse ela. – Uma amiga chamada Sandy Satterwhite é agente. Deixe-me dar uma corrida até lá atrás e pegar o número do telefone dela. A propósito, meu nome é Kathy.

– Ela apertou minha mão, depois saiu na direção do escritório.

Bianca e eu trocamos um olhar rápido.

– Estou com um bom pressentimento com relação a tudo isso. – Ela ficava repetindo. – Este livro vai ser publicado sem que você tenha que fazer esforço.

Esperei até passar o Natal para ligar para Sandy. Quando telefonei tomei o cuidado de não revelar muita coisa pelo telefone.

– Fui convidado para ir à Croácia e à Bósnia no verão passado para participar de um concerto para a paz. Enquanto estive lá fui levado para as montanhas, onde tive uma experiência incrível. Estava esperando que pudéssemos tomar um café hoje à tarde, para que eu pudesse lhe contar a história inteira.

Nós nos encontramos às três da tarde naquele dia. Quando

entrei no café vi uma mulher pequenina de cabelos louros, com um largo sorriso, olhando como se estivesse esperando por alguém. Depois de alguns momentos contei-lhe a história. Ela ficou mais do que interessada. Na verdade, estava quase tão entusiasmada quanto eu. Ela cancelou os compromissos que tinha para aquele dia e foi para casa para ler o manuscrito. Recebi um telefonema por volta das nove horas naquela mesma noite.

– Oi, Jimmy, aqui é Sandy. Tenho excelentes notícias. Enquanto estava lendo o manuscrito me lembrei de repente de uma editora na Califórnia que acho que é perfeita para este livro. Os donos são bons amigos meus e adivinhe só... ambos são Emissários da Luz Divina. De maneira que liguei para o escritório e Brenda ainda estava lá. Falei um pouco a respeito da história e ela ficou impressionada.

– Qual é o nome da editora? – perguntei.

– Aslan. O nome da companhia editora é Aslan Publishing.

Aquele nome me soava familiar, mas não tinha certeza de onde o ouvira antes. Então me lembrei.

– Eles publicaram um livro chamado *Magic at our hand*, escrito por Nancy Rose Exeter.

– Sim, publicaram.

Foi naquele momento em que eu finalmente acreditei em tudo que o Mestre me havia dito. Ele tinha cumprido sua palavra.

– Brenda quer que eu despache o manuscrito ainda esta noite por entrega rápida. E pela maneira como falou, creio que vão comprar.

Uma semana depois eles fecharam o negócio. Em menos de um mês eu havia escrito o livro, encontrado uma agente e vendido para uma editora. Esta história não estava acabada, disso eu tinha certeza. Tudo indicava que estava apenas começando. Isso veio a se confirmar, de muitas maneiras.

Uma editora foi destacada para trabalhar no manuscrito. Telefonei para ela dois dias depois de ter recebido a notícia. Ela já havia lido o primeiro rascunho e estava pronta para fazer algumas sugestões.

– Sabe, tenho que ser sincera com você a respeito de uma coisa – disse ela. – Da primeira vez que li o manuscrito não fiquei tão entusiasmada assim. Mas todas as outras pessoas aqui estavam. Achei que talvez estivesse deixando de perceber alguma coisa, de maneira que meditei a respeito disso naquela noite. Foi então que aconteceu. Eu me dei conta de que isto é mais do que apenas um livro. Não posso deixar de pensar que você está me escondendo alguma coisa. Tenho a sensação de que ainda há mais por vir. As sugestões dela eram excelentes. Imediatamente dei início à revisão do primeiro rascunho. Passei uma semana reescrevendo o manuscrito. Foi quando compreendi o que ela estava querendo dizer. O livro não estava concluído. Quanto mais perto eu chegava do que pensava ser o capítulo final, mais forte essa sensação se tornava. Então uma coisa incomum aconteceu. Vários dias antes de ter acabado de reescrever tive um sonho. Não me lembro de todos os detalhes, apenas que estava numa grande casa com croatas, bósnios e sérvios, todos morando juntos numa comunidade que deveria ser um modelo de paz e de perdão. Na noite seguinte tive o mesmo sonho, que se repetiu na outra noite. Depois da terceira noite com o mesmo sonho, tive certeza de que havia alguma mensagem à qual eu deveria prestar atenção. Decidi ligar para Snjezana e perguntar se meu sonho significava alguma coisa para ela.

— É engraçado que você esteja me fazendo esta pergunta — disse ela. — Há três dias recebi um telefonema de um poeta em Sarajevo que queria falar com você. Agora que há um acordo de paz, muitas pessoas querem que você venha para Sarajevo para se apresentar no Concerto para a Paz. Além disso, e isso é o que é extraordinário, ele mora exatamente na comunidade que você descreveu, um lugar em Sarajevo onde as pessoas não acreditam nessa guerra e acreditam na paz. É um lugar em que vivem pessoas de todos os nossos países, demonstrando que podemos viver em harmonia.

Duas semanas depois eu estava a bordo de um jato com destino a Veneza. Pedi a Snjezana para se certificar de que Duro soubesse que estava a caminho. Queria desesperadamente ser levado de volta até os Emissários para conversar com o Mestre. Sabia que isto era parte do plano. Tinha voltado para os Estados Unidos para escrever o livro e tão logo o livro fora escrito, estava sendo chamado de volta para aprender mais. Podia me sentir vivendo o livro enquanto o escrevia. Eu não estava mais apenas escrevendo sobre uma experiência que tinha acontecido em algum momento do passado, agora eu estava dentro do livro e havia trazido todas as outras pessoas para dentro dele comigo.

O ônibus de Trieste para Rijeka continuava exatamente como me lembrava dele. Telefonei para Snjezana da rodoviária para avisar a que horas chegaria. Eles estariam esperando por mim. Sentei-me no fundo do ônibus e meio que esperei ver os amigos que tinha feito durante o mesmo percurso sete meses antes. O ônibus não tinha nem a metade dos lugares ocupados. Sentei-me no banco de trás e coloquei minha mochila e meu violão no compartimento de bagagem acima. Desta vez meu passaporte estava no bolso de meu paletó. Passamos pelas duas fronteiras, sem incidentes. Na fronteira entre a Croácia e a Eslovênia mostrei meu passaporte ao soldado que então me deu um visto por trinta dias. Não houve nenhum drama nem nenhuma suspeita. Os guardas pareciam menos agitados, mas era evidente que aquele ainda era um país vivendo sem paz.

O ônibus entrou na estrada que seguia para o sul, margeando o mar Adriático. O dia estava bonito e frio; o sol refletia na água azul e fazia meus olhos doerem. Quarenta e cinco minutos tinham se passado desde que tínhamos atravessado a fronteira da Croácia. Estaríamos chegando em Rijeka dentro de mais uma hora. Eu estava muito animado com a perspectiva de rever meus amigos e aproveitar tudo que sabia que resultaria desta visita. Eu esperava tanta coisa. O ato final estava prestes a começar.

Logo avistei Snjezana, Gordana e Nadina esperando na rodoviária. As portas se abriram e saltei. Nadina foi a primeira a me envolver num abraço.

– Minha vida tem sido tão entediante desde que você foi embora – exclamou. – Agora que está de volta sei que haverá muita diversão. Mal posso esperar.

Snjezana e Gordana puseram seus braços em volta de nós dois.

– Não consigo acreditar que você esteja de volta tão depressa – disse Gordana. – Tem que nos contar tudo o que aconteceu com você.
Elas pegaram meu violão e a mochila.
– Vamos – disse Snjezana. – Agora vamos comer e você vai poder nos contar tudo.
Fomos seguindo rápida e animadamente pela calçada movimentada em direção ao centro da cidade. Minutos depois estávamos sentados em um restaurante com vista para o porto, conversando e tomando café. As embarcações pareciam cidades distantes e luminosas movendo-se silenciosamente em meio às ondas. Contei a elas sobre meu retorno aos Estados Unidos, sobre a confusão que havia sentido e sobre a certeza que experimentei quando comecei a escrever o livro. Então relatei-lhes tudo sobre os eventos das últimas semanas, tudo que havia acontecido desde que tinha terminado a primeira versão do livro. Elas ficaram maravilhadas, mas não surpreendidas. Tinham passado por tanta coisa comigo que aquelas revelações incessantes pareciam quase normais.
Perguntei a Snjezana se havia falado com Duro. Ela disse que sim e que Duro se encontraria comigo no dia seguinte. Ela não sabia se iríamos aos Emissários ou não. Duro lhe dissera que muitas coisas haviam mudado e que deveríamos refletir a respeito dessas coisas muito cuidadosamente. Não fiquei animado ao ouvir isso. A idéia de vir de tão longe até ali e não ver o Mestre me inquietava. Tinha certeza de que fora trazido de volta para concluir alguma coisa, e tinha certeza de que isso incluía estar com os Emissários mais uma vez. Snjezana disse que eu teria que esperar até o dia seguinte.
Fiquei hospedado no apartamento de Nadina, exatamente como antes. Todas as noites cozinhávamos, comíamos e conversávamos na minúscula sala de visitas, o único aposento no apartamento que tinha aquecimento. A família dela estava se preparando para partir para a América do Norte dentro de duas semanas. Eles finalmente tinham sido convidados a emigrar participando do programa canadense de auxílio para refugiados. Era isso o que Nadina quisera o tempo todo. Neda e Ned pareciam nervosos com relação à viagem. Mas para Nadina significava a oportunidade de voltar para a faculdade e viver uma vida normal.

Embora a guerra estivesse paralisada e as armas agora estivessem silenciosas, nada mais havia mudado em Rijeka. A maioria dos refugiados não havia retornado a seus lares e provavelmente não retornaria por bastante tempo. Aqueles que vinham de áreas sob controle dos sérvios da Bósnia, como Nadina e sua família, nunca teriam permissão para voltar. A maioria das pessoas parecia pessimista com relação à possibilidade de uma paz duradoura. As forças da OTAN podiam manter as partes em conflito separadas, mas a mudança verdadeira precisaria ocorrer nas mentes das pessoas.

Snjezana disse que Duro queria que eu me encontrasse com ele sozinho em um café chamado Filodramatica, que não ficava distante do apartamento de Nadina. Perguntei a mim mesmo porque ele estava agindo tão misteriosamente. Todos nós estávamos incluídos em tudo que acontecera. Cheguei ao café por volta de duas e meia. Duro ainda não tinha chegado, então sentei-me e pedi um *cappuccino*. Havia apenas umas poucas pessoas no café comendo e fumando. Alguns minutos mais tarde, Duro chegou.

– É tão bom ver você de novo – disse enquanto me levantava e lhe dava um abraço.

– E é maravilhoso ter você conosco novamente – disse Duro, sorrindo. – Não estou surpreendido que tenha voltado tão rapidamente. Snjezana me contou tudo, a respeito do livro e de todas as novidades. Parece que você fez bom uso de suas lições. Dentro em breve todo mundo conhecerá os Emissários e o trabalho deles.

– Duro, eu quero voltar lá. Quero ver o Mestre e os outros. Nunca seria capaz de encontrar o caminho sozinho. Preciso que me leve lá, imediatamente, se puder. Estarei partindo para Sarajevo brevemente e não tenho muito tempo.

– Por que você quer ir? – perguntou ele.

– Por muitos motivos. Sinto que ainda tenho muito a aprender, que ainda existem muitas lições que o Mestre não me ensinou. Também sinto que é por isso que estou aqui, porque resolvi voltar.

– Mas você já aprendeu tudo que precisa para cumprir sua tarefa.

– Como sabe disso? – perguntei. – Tantas coisas aconteceram lá nos Estados Unidos, todas elas me sugeriram que viesse

aqui. E por que eu viria se não fosse para estar com o Mestre? Você tem que me levar, Duro. Por favor, não posso ter vindo de tão longe e não ir.
Duro ficou em silêncio por um momento, como se estivesse tomando uma decisão.
– OK, nós iremos hoje. Mas somente você. Os outros não podem vir dessa vez. Deixe-me ir até em casa e separar algumas coisas para a viagem. Eu me encontrarei com você em frente ao apartamento de Nadina daqui a duas horas.
Duas horas depois Duro estacionou junto ao meio-fio na frente do apartamento. Deixei um bilhete para Nadina explicando o que havia acontecido. Tinha certeza de que ela ficaria desapontada. Gordana e Snjezana estavam em casa. Disse-lhes que lamentava muito mas que não poderiam vir conosco. Embora não tivesse certeza de quanto tempo ficaria fora, disse-lhes que seguissem em frente com os planos em Sarajevo. De alguma forma nós conseguíramos chegar lá.
Duro pareceu-me distante e inacessível durante a maior parte do percurso. Nunca tinha sido muito dado a conversas ligeiras, mas tinha a sensação de que ele estava deliberadamente escondendo alguma coisa de mim. Ele havia voltado para ver os Emissários apenas uma vez desde o verão – sozinho. Quando lhe perguntei sobre a viagem, deu respostas evasivas. Nada havia mudado, disse. Quando perguntei se o Mestre dissera alguma coisa para ele a meu respeito, não respondeu. Decidi não pressioná-lo, imaginando que descobriria brevemente.
Partimos no final da tarde e não havia como chegar à comunidade antes do anoitecer. Quando chegamos à sede da fazenda era quase meia-noite. Duro explicou que a casa estivera vazia durante anos e que não havia problema se passássemos a noite ali. Estacionamos o carro atrás do celeiro e levamos nossas coisas até a porta de trás. Duro me disse que esperasse enquanto ele entrava pelo porão e dava a volta para abrir a porta para mim. Trouxemos nossas mochilas para dentro, depois voltamos até o carro para pegar alguns cobertores e os sacos de dormir. Duro acendeu uma fogueira na lareira e logo estávamos prontos para dormir. A casa era fria e cheia de correntes de ar e o fogo na lareira não ameni-

zou muito o desconforto. Eu me enrolei em dois cobertores e cheguei o mais perto que pude do fogo.
— Que vai acontecer quando chegarmos lá? — Perguntei a Duro. — Você não parecia estar querendo me trazer. Há alguma coisa acontecendo que não tenha me contado?
— Eu queria trazer você sim — disse ele. — Mas eu gostaria de não falar mais até que cheguemos lá. Você já veio até aqui e quero que termine esta viagem. Amanhã você compreenderá, prometo. Até lá, por favor, não faça mais perguntas e vamos tratar de dormir um pouco.

Deitei-me no chão duro e tentei descansar. Embora estivesse exausto por ter viajado durante os últimos dias, não consegui dormir. Estava preocupado com o retorno aos Emissários. Que iria acontecer quando chegasse lá? Por que Duro estava sendo tão misterioso? Virei-me de um lado para o outro a noite inteira. Tinha vindo de tão longe e ainda tinha tanto por fazer.

Às sete horas da manhã, estávamos no caminho que levava à floresta. Perguntei se ainda haveria soldados na área. Duro disse que provavelmente não, depois começou a me contar os detalhes da ocasião em que foi capturado. Não havia demorado muito para que os soldados o alcançassem e quando o fizeram ele fingiu que estava colhendo ervas para os pacientes de seu consultório médico, conforme havia comentado conosco no telefone. Ele aparentemente vinha colhendo plantas medicinais durante todo o tempo em que estivemos com os Emissários, de maneira que pôde apresentar provas. Os soldados disseram que era suspeito que qualquer pessoa estivesse naquela área, por qualquer que fosse o motivo. Duro concordou, mas explicou que era a única área onde algumas daquelas plantas cresciam. Embora fosse perigoso, era um risco que estava disposto a correr. Os soldados o levaram para uma cidade próxima e ele foi interrogado durante horas. Seus documentos e identificação foram confirmados, de maneira que eles não tiveram escolha senão deixá-lo partir. Duro chegou até mesmo a afirmar que seu carro tinha enguiçado e os convenceu a transportá-lo até uma aldeia à beira da estrada por onde passava o ônibus.

— Conte-me sobre o livro — pediu Duro, demonstrando raro interesse em algo novo.

– Foi exatamente como o Mestre disse que seria. Durante meses eu resisti e me senti infeliz, mas quando finalmente me entreguei, estava completamente confiante. Tantas pessoas apareceram, cada uma desempenhando um papel essencial para fazer com que o manuscrito chegasse às mãos das pessoas certas. Quando finalmente abandonei meu medo e comecei a escrever, tudo aconteceu rapidamente. Era como se nosso tempo estivesse se esgotando e tivéssemos que fazer tudo muito depressa.
– Isto é verdade, mas não pelos motivos que você imagina – disse ele. – Não creia que tem que se apressar para evitar algum terrível acontecimento ou calamidade. As coisas estão acontecendo depressa simplesmente porque a humanidade está pronta. A única coisa que impediu essas mudanças de acontecerem antes foi o medo. Mas o medo foi liberado a tal ponto que o amor é capaz de brilhar através dele. O medo é como uma nuvem escura que bloqueia a Luz. Quando as nuvens se dispersam, a Luz que sempre esteve lá brilha, radiante.
"A humanidade atingiu um ponto em que uma mudança significativa ocorreu, Jimmy. É isto que seu livro vai proclamar. E o retorno ao amor continuará a se acelerar até que não exista mais nenhuma nuvem, mas somente Luz. Isto é o começo e muitas coisas ainda precisam mudar. Mas já começou. À medida que mais pessoas aceitarem seu papel como Emissárias da Luz, o mundo que você outrora conheceu desaparecerá. Você e os outros que foram convocados serão modelos dessa transformação. Vocês não estarão acima da humanidade para serem seguidos como gurus. Vocês estarão ao lado deles com compaixão, construindo a ponte imaginária entre os medos deles e o que é verdadeiro. Vocês aceitaram a salvação. E à medida que vocês viverem a salvação, vocês a estenderão a todos aqueles que a quiserem. Todas as pessoas que foram misteriosamente solicitadas a ajudá-lo responderam ao mesmo chamado que o trouxe aqui. Cada pessoa desempenha um papel, um papel que é só dele ou dela. Mas no fim todos os papéis são iguais e cada papel é o mesmo – aceitar a salvação, e ao aceitá-la, fazer a dádiva da salvação. O mundo mudou, Jimmy. Mudou de maneiras que você não pode avaliar.
Caminhamos durante horas. Uma camada leve de neve tinha

caído, emprestando à paisagem um aspecto mágico. Caminhamos pela floresta sem dizer uma palavra. Tentei prestar atenção para o caso de um dia querer voltar sozinho. Mas o caminho que Duro seguia parecia ser indistinguível, ziguezagueando por entre as árvores, subindo e descendo colinas sem a ajuda de uma trilha. Ficou claro para mim que jamais conseguiria fazer aquela viagem sem auxílio.
    Então reconheci o campo longo que levava à comunidade. Aquele era o campo que os soldados estavam atravessando quando os Emissários desapareceram como num passe de mágica. Eu podia ver a casa na extremidade mais distante. Tínhamos conseguido. Tomei a dianteira correndo na frente de Duro e disparei em direção à casa. Era cerca de uma da tarde. A sessão teria terminado e os assistentes estariam preparando o almoço. Corri descendo pelo caminho que levava à área dos assistentes. Quando cheguei à casa não havia ninguém do lado de fora. Larguei minha mochila no chão, fui até a porta e entrei.
    A casa estava fria e vazia. As lamparinas não estavam acesas e o forno estava frio. Procurei ouvir algum som, qualquer coisa que pudesse me dizer onde eles estavam. Não havia ruído algum. Corri de volta para fora da casa. Talvez ainda estivessem na casa de meditação. Corri o mais depressa que podia, mas quando cheguei foi a mesma coisa. A porta estava aberta e não havia ninguém. O perfume de incenso havia desaparecido. A roda também. Os símbolos que representavam as doze traves de roda não estavam mais ali. Eu estava sozinho num salão redondo, vazio.

— Isto é o que eu não podia lhe contar — disse Duro enquanto entrava.

— Onde estão eles? — gritei.

— Eles se foram, exatamente como lhe disse que iriam meses atrás. Não haveria nenhum sinal deles, nenhum traço de que jamais tivessem estado aqui algum dia. Você se lembra?

— Que quer dizer com eles se foram? Para onde iriam? O Mestre não me traria até aqui para depois desaparecer dessa maneira. Não é possível.

Duro deu um passo, se aproximando.

— Você foi a dádiva deles, Jimmy. Você foi o último elo de

que eles precisavam para concluir sua missão. Durante milhares de anos os Emissários têm sido os guardiães da humanidade. Mas agora uma nova humanidade nasceu. Ela pode estar na infância, mas a sabedoria que lhe foi ensinada pelos Emissários a ajudará a crescer forte. O Reino de Paz está aqui finalmente, esperando para ser compartilhado. Isto é o que o Mestre lhe ensinou. Esta é a direção para onde todas as lições apontavam. A liberação do medo derrubou as fronteiras que pareciam separar a humanidade de sua origem. Mas agora isso acabou. As pessoas estão entrando na Luz e se tornando Emissárias elas mesmas. É como uma bola de neve que começa no alto de uma montanha, crescendo, tornando-se cada vez maior e maior enquanto adquire impulso e velocidade. Nada a deterá agora. O universo inteiro está prestes a ser engolido.

– Mas não compreendo – exclamei. – Por que me trouxe aqui se sabia que eles não estavam mais aqui?

– Porque você tinha que ver com seus olhos. Não fique triste. Os Emissários estão em você e é onde sempre os encontrará. Eles plantaram uma semente dentro de você que brotou. Agora deve seguir plantando essa semente. Essa nova humanidade não surgirá repentinamente. As sementes que você plantar brotarão neste ou naquele lugar e depois essas sementes amadurecerão e continuarão o processo. Indivíduos e pequenos grupos já começaram a amadurecer e à medida que aumentarem, essa nova visão de humanidade será promovida e favorecida. Imperceptivelmente a princípio. Depois, de repente, ele estará visível a todos. O mundo anterior será esquecido e uma nova era nascerá. Os Emissários se foram porque não são mais necessários. De agora em diante a humanidade será capaz de caminhar sozinha.

– Mas e quanto à minha volta? – perguntei. – O Mestre me trouxe de volta até aqui só para ver isto?

– Ainda falta uma lição, uma coisa que o Mestre queria que eu ajudasse você a ver. Ele disse que isso fará com que tudo se encaixe. Quando você viver a experiência dessa última lição tudo se encaixará no lugar certo.

– E qual é esta lição?

– A última lição não será dada aqui, e sim no lugar para onde está indo... Sarajevo. Alguma coisa acontecerá, isto é tudo

o que sei. Exatamente como tudo aconteceu sem que precisasse fazer esforço, a última lição também acontecerá assim. Tudo será como deve ser.
Saí novamente. O céu estava claro e uma ligeira brisa soprava através das árvores muito altas, acima de nós. Sentia-me extremamente confuso. Não conseguia acreditar que tinha sido trazido de volta de tão longe para aquele lugar escondido e isolado, apenas para encontrá-lo abandonado. Duro saiu atrás de mim.
– Para onde eles foram, Duro?
– Não sei. Os assistentes retornaram às vidas que levavam antes de virem para cá. Quanto ao Mestre e aos outros Emissários, simplesmente não estão mais aqui. Eles não precisam mais de seus corpos. Neste sentido estão mais disponíveis para você do que antes. O Mestre está com você agora, neste momento, orientando-o e conduzindo-o. Você não está sozinho, Jimmy. Nunca estará sozinho.
Passei o dia caminhando pelo que havia sido a comunidade dos Emissários. Fiz uma fogueira no fosso ao lado da casa do Mestre e sentei-me ali pensando sobre todas as nossas conversas. Sabia que iria concluir em Sarajevo o que quer que tivesse começado aqui. Perguntei a mim mesmo o que estaria me esperando. Os combates haviam cessado mas o ódio ainda estava vivo. Dormimos ali naquela noite, então partimos para Rijeka bem cedo, na manhã seguinte.

– Vamos para Sarajevo daqui a uma semana – disse Snjezana quando entrei no escritório da Suncokret. – Acabei de falar no telefone com uma mulher da Suncokret que está lá. Ela organizou um concerto importante para você com um ator bósnio muito famoso. Josip Pejakovic é muito popular em toda a antiga Iugoslávia. Ele é o diretor da organização para a paz que patrocinará o concerto. Mas só você e eu iremos. Nadina não pode ir, porque é refugiada. Ela não pode voltar à Bósnia. Gordana não pode, porque não tem dinheiro. A passagem de ônibus de Rijeka para Sarajevo custa mais de trezentos marcos alemães, porque é uma viagem muito perigosa.

- Mas não é mais seguro agora que a guerra acabou? - perguntei.
- As bombas pararam, mas as pessoas ainda estão numa situação terrível. Tudo foi destruído e não há dinheiro, nem comida. É perigoso circular pelo país porque muita gente tem sido roubada e assassinada.

Naquela noite Snjezana e eu fomos convidados para um festival regional chamado Maskare, em Grobnik, uma aldeia próxima de Rijeka. O festival celebra a chegada da primavera, com quatro bailes a fantasia consecutivos, todos os sábados das nove horas da noite até o amanhecer. É tradicional ir em grupo e se fantasiar de acordo com um tema escolhido. Fomos convidados por um grupo de pessoas que tinham passado meses fazendo fantasias de galinha. Fiquei impressionado com o trabalho e o tempo que dedicaram se preparando para esta festa. Dois membros do grupo não poderiam ir naquela semana e nos ofereceram suas fantasias. Fomos em dois carros e vestimos nossas fantasias quando chegamos.

O festival era realizado em uma enorme construção aberta no meio da aldeia. Quando chegamos, às dez horas, o lugar já estava lotado. Grupos de participantes estavam reunidos, vestindo fantasias primorosamente criativas. Um grupo estava fantasiado como uma porção de cogumelos. Um grupo de palhaços agitava suas bengalas no ar e vinte homens vestidos de mulher dançavam movendo-se furiosamente. Uma banda de cinco instrumentos tocava *dance music* croata uma estranha mistura de *disco* com polca. Reparei numa efígie de um soldado pendurada na parede mas tive medo de perguntar o que significava. O vinho era servido em garrafas recicladas de refrigerantes e de vodca, e a fumaça de cigarros pairava acima de nós como uma nuvem escura. A multidão foi ficando bêbada à medida que a noite foi passando. As pessoas começaram a dançar em cima das mesas e sentadas nos ombros umas das outras. Alguém acendeu um foguete luminoso de sinalização que encheu o ambiente de uma luz fluorescente assustadora. O cheiro de enxofre tornava quase impossível respirar.

Eu me mantive perto de meus amigos até que chegou a hora de anunciar os vencedores do concurso de fantasias. A noite foi de nosso grupo de galinhas. Fomos premiados com um bolo imenso que dividimos com todos os que estavam sentados à nossa mesa. Depois que o concurso acabou, tiramos nossas fantasias. Foi um alívio. O calor gerado pelos corpos nos empurrando de um lado para outro na pista de dança tornava aceitável que eu só estivesse vestindo uma camiseta e calças jeans.

Enquanto estávamos dançando, Snjezana e uma das outras mulheres com quem estávamos fizeram-me virar para que pudessem ver a parte de trás de minha camiseta. Ficaram incomodadas com a ilustração, uma mão fazendo sinal de paz com as palavras peace boy escritas embaixo. Quando comprei a camiseta em Chicago, me perguntei por que a mão mostrava um sinal de paz com três dedos, em vez dos dois tradicionais. Imaginei que fosse uma variação criativa do original e não dei muita atenção àquilo. Snjezana me explicou que era o sinal característico dos guerreiros sérvios. Era perigoso usar uma camiseta com aquela ilustração na Croácia ou na Bósnia. Eufórico, ignorei a advertência delas e continuei dançando.

As pessoas estavam ficando bêbadas e falando alto. Eu estava começando a me sentir pouco à vontade e torci para que não ficássemos até o amanhecer como era o costume. Foi difícil abrir caminho em meio à multidão quando tentei alcançar a porta para tomar um pouco de ar fresco. Estava quase chegando à porta principal quando alguém me empurrou violentamente pelas costas, quase me jogando no chão. Eu me virei e um homem enorme me agarrou pela camiseta e começou a gritar. Tentei dizer a ele que não compreendia, mas o homem berrava alto demais. Senti os outros homens me dando empurrões e me cercando. Um deles me golpeou com força no rosto e caí no chão. Cinco homens estavam de pé em volta de mim, berrando e me chutando. Justo nesse momento Snjezana abriu caminho através do grupo e me protegeu dos homens. Ela gritou alguma coisa em croata que os fez parar – presumi que tivesse dito que eu era americano e que não compreendia. Snjezana jogou uma camisa em volta de meus ombros e me ajudou a levantar. Os homens recuaram para me deixar passar.

As outras pessoas de nosso grupo viram o que havia acontecido e agarraram suas fantasias para ir embora. Snjezana saiu comigo para esperar pelos outros.

Alguns minutos depois o resto do grupo veio nos encontrar junto do carro. Todos lamentavam muito o que havia acontecido e tentaram explicar.

– Sou de uma cidade na Bósnia chamada Doboj – disse Denisa, uma das mulheres em nosso grupo. – A cidade foi ocupada pelos sérvios, mas minha família continuou vivendo lá durante cerca de um ano. Com muita freqüência eu sentia medo porque tantos de meus amigos muçulmanos tinham sido obrigados a partir ou foram mortos. Houve muitas ocasiões em que eles me obrigaram a fazer o sinal dos três dedos. Uma ocasião, quando estava numa aldeia próxima, chamada Jelah, alguém lançou uma granada num grupo de pessoas porque elas não fizeram o sinal correto. É por isso que as pessoas aqui reagem a este sinal. Muitas coisas más aconteceram por causa dele.

Passei a semana seguinte me preparando para Sarajevo. Nadina e sua família estavam tendo que se adaptar à realidade da mudança para o Canadá. Ela vinha namorando um rapaz croata há cerca de quatro meses e andavam falando de casamento para permitir que ele fosse se juntar a ela. Passei um bom tempo discutindo esta situação com Nadina. Ela tinha apenas vinte e um anos, era jovem demais para esse tipo de compromisso. No entanto, o casamento daria a ele a chance de ter uma vida normal. Tinha certeza de que no fim seria essa a escolha dela. Eles iriam partir para o Canadá quando eu estivesse em Sarajevo. Nadina e a família me levaram até o ônibus para se despedir no domingo, tarde da noite. Para todos nós aquilo seria o começo de uma maravilhosa aventura.

O ônibus chegou em Split, uma cidade à beira do mar Adriático, cedo na manhã seguinte. Uma companhia de ônibus diferente servia a Bósnia e fomos comprar a passagem. Uma mulher de meia-idade destrancou a porta às seis horas e nós entramos. Snjezana disse-lhe para onde queríamos ir e imediatamente a mulher demonstrou preocupação. Parecia estar explicando o perigo da viagem. Depois de vários minutos de conversa, Snjezana explicou que estávamos dispostos a correr o risco e compramos as passagens. Quando saímos ela me deteve.

– Tenho que lhe contar o que aquela mulher estava dizendo

– explicou. – Ontem o mesmo ônibus para Sarajevo foi atacado em Herzegovina. Isso aconteceu quatro vezes nos últimos dois meses. Dois soldados croatas com fuzis automáticos pararam o ônibus e assaltaram todo mundo que estava a bordo. Atiraram no ônibus com metralhadoras e espancaram várias pessoas, inclusive o motorista. Ele agora está no hospital. Estão avisando a todo mundo do perigo. Muitas pessoas decidiram não ir. Eu disse a ela que continuaríamos a viagem.
– Por que soldados croatas atacariam o ônibus?
– A Herzegovina é muito pobre. Também é muito croata. Eles se consideram parte da Croácia. Muitas vezes as pessoas estão levando dinheiro para parentes na Bósnia e são assaltadas. Agora que a guerra acabou as pessoas estão tentando reconstruir suas vidas. As pessoas nessa região são muito primitivas e racistas. Ela não está exagerando quando diz que é perigoso.

A viagem para Sarajevo tinha começado e eu estava me perguntando se tinha tomado a decisão correta. Estivera esperando por essa oportunidade há muito tempo. Era tarde demais para voltar atrás. A despeito do risco, sabia que tinha que ir até o fim. Alguma coisa estava esperando por mim, algum *grand finale* com certeza preparado pelo Mestre. A expectativa tornava qualquer risco aceitável.

A viagem de Split para Sarajevo levou oito horas. Fiquei surpreendido com as belas montanhas e lagos que definiam a paisagem da Bósnia. À medida que atravessávamos a Herzegovina, a realidade da situação foi se tornando clara. O contraste entre a beleza da paisagem e a devastação da guerra era dramático. Passamos por aldeias inteiras que estavam completamente destruídas. Em alguns casos era evidente que muitas casas haviam sido destruídas somente porque os donos eram muçulmanos. Uma casa estava completamente demolida enquanto, alguns metros adiante, outra mal havia sido tocada. Durante quatrocentos e cinqüenta anos, pessoas de religiões diferentes viveram lado a lado na Bósnia. A intolerância provocada pela guerra agora tornava isso impossível.

O ônibus chegou a Mostar, uma cidade na Herzegovina que era dividida igualmente entre muçulmanos e católicos. A devastação era inimaginável. A área muçulmana estava em ruínas. Quase metade dos prédios estavam completamente destruídos ou eram carcaças abandonadas. As pessoas perambulavam pelas ruas com olhares vazios, perdidos. Havia tanques e soldados por toda parte. Era uma cidade paralisada, abalada em sua mais profunda essência por uma violência que a maioria das pessoas não conseguiria sequer imaginar. A destruição de Mostar não foi obra dos sérvios e sim dos croatas católicos. Não foi uma guerra para saber quem controlaria a cidade. Os soldados croatas foram trazidos de fora para perpetrar o massacre. A população muçulmana, sem armas nem defesas, foi completamente esmagada.

Fomos passando por vilarejo após vilarejo abandonado e destruído. Por toda a parte, prédios crivados de perfurações de balas e enormes buracos redondos de projéteis de canhão com cargas explosivas. O ônibus zumbia de excitação nervosa. Algumas pessoas pareciam estar voltando para suas casas, enquanto outras, como Snjezana e eu, estavam viajando para a Bósnia como participantes de uma variedade de esforços humanitários. Conheci três cineastas alemães que estavam tentando estabelecer uma ligação via Internet para transmitir fotografias da Bósnia. Dois ingleses estavam a caminho de uma cidade onde já vinham trabalhando com a população jovem há mais de dois anos. Cada vez que passávamos por um vilarejo ou aldeia, sacávamos nossas câmeras e esperávamos a foto que pudesse retratar a realidade da situação. É claro que nenhuma poderia. Nenhuma fotografia ou imagem de matéria de televisão que eu vira alguma vez poderia ter me preparado para o que estava vendo.

Sarajevo é rodeada por encostas de colinas íngremes, todas ocupadas por sérvios da Bósnia. Controlar o destino de Sarajevo durante a guerra foi fácil. Era só bloquear todas as estradas de entrada ou saída para a cidade e você a teria estrangulada pela garganta. Sem a intervenção de países da Europa e dos Estados Unidos, Sarajevo não tinha chance de sobrevivência. Durante quatro anos os canhões e os franco-atiradores mantiveram-se nas colinas matando civis um a um. Mais de quinze mil pessoas foram mortas em Sarajevo durante a guerra. Mais de cinqüenta mil foram feridas.

Quando o ônibus começou a se aproximar dos subúrbios sérvios de Sarajevo, cinco tanques da IFOR (International Forces Organization) vieram se juntar a nós e nos escoltaram até entrarmos na cidade. O Exército francês controlava aquela região. O Exército americano estava a oeste de Sarajevo, em Tusla. Três tanques seguiam à frente do comboio, mais dois iam atrás do ônibus. Isso era procedimento comum desde que a IFOR, sigla do Exército unificado da OTAN, assumiu o controle da área para implementar o acordo de paz. Os vilarejos sérvios estavam silenciosos. Parecia haver muito pouca destruição naquela área. Foi somente depois que cruzamos a linha que dividia essas duas culturas que compreendi o que havia acontecido ali. A estrada principal que levava a Sarajevo era ladeada por fileiras de grandes prédios de apartamentos e escritórios. Quase todos estavam em escombros. Parecia a cena do prédio destruído pela bomba em Oklahoma City multiplicada por cinqüenta. Para cada dez carros havia três tanques ou veículos militares. Soldados com armas automáticas estavam por toda parte. Tínhamos entrado numa zona de guerra, não havia como negar o fato.

Fomos recebidos na rodoviária por Harris, um amigo de Rijeka que tinha acabado de se mudar de volta para Sarajevo com a mãe. Sua avó estava no hospital e eles nos ofereceram o apartamento dela. Ficava em um prédio de dez andares, num conjunto de vários outros prédios idênticos. Pelo menos dois dos prédios tinham sido parcial ou completamente destruídos. O conjunto de apartamentos ficava na base da colina que levava aos vilarejos sérvios, alvo fácil para os lançadores de granadas. O vento estava frio e o chão coberto de neve. Durante a maior parte da guerra a cidade ficou sem combustível e água. Isto significava que muitas casas não tinham aquecimento e que a única fonte de água era alguma bomba de água nas proximidades. Uma vez que os sérvios conheciam a localização dessas bombas, muitas pessoas foram mortas dessa maneira. Mas as coisas agora estavam muito melhores. Havia água disponível durante cerca de dez horas por dia e gás durante cerca de doze horas. Para eles isso era sinal de que suas vidas estavam voltando ao normal. Para mim significava banhos de chuveiro racionados e noites geladas.

Era o final da tarde. Josip Pejakovic se encontraria conosco no apartamento às sete horas e começaríamos a organizar o itinerário. Fiquei sabendo que Josip era uma grande celebridade na antiga Iugoslávia. Durante trinta anos ele havia sido o ator principal do Teatro Nacional de Sarajevo. Também tinha estrelado muitos filmes, bem como um seriado de televisão de muito sucesso. Mas suas idéias políticas sempre haviam sido radicalmente diferentes das de seus companheiros. Enquanto as massas estavam se movimentando em direção ao nacionalismo ele promovia uma Bósnia unificada, uma Bósnia em que cada cultura vivesse em paz exatamente como tinham feito durante centenas de anos. Ele fora o candidato alternativo para a presidência da Bósnia nas eleições que precederam a guerra. Ele se declarara, então, abertamente contra o nacionalismo e o separatismo religioso, uma decisão que o tornou muito impopular depois que a guerra começou. De fato, Sarajevo é uma das únicas cidades da antiga Iugoslávia onde ele está em segurança. Certa vez, durante uma visita a Mostar, foi obrigado a partir no meio da noite quando soube de um complô para assassiná-lo. Ele abandonou seu trabalho como ator e político e se dedicou a aliviar a provação enfrentada por Sarajevo.

Josip era mencionado com freqüência como o "Jesus de Sarajevo". Quando as pessoas estavam com fome ele comprava um caminhão carregado de pão e as alimentava. Um orfanato para crianças retardadas foi construído na cidade e Josip comprou alimentos para elas durante dois anos. Sua generosidade não era limitada a nenhuma cultura ou religião específica. Dúzias de sérvios que anteriormente viviam na cidade foram procurá-lo por causa de perseguições extremas. Naquela época a gasolina custava o equivalente a cinqüenta dólares por galão (4,5 litros). Josip conseguiu carros para eles e encheu os tanques de gasolina para que escapassem. Eu me perguntei o que deveria esperar ao conhecer este homem.

A campainha tocou e Snjezana abriu a porta. Um homem impressionante, imenso, entrou. Não estava com a barba feita, os cabelos não estavam penteados e suas roupas eram modestas e velhas. Snjezana o acompanhou até a sala de visitas e me apresentou.

– É um grande prazer conhecer um Trovador da Paz – disse

ele numa voz grave teatral. – Sarajevo certamente precisa de mais de um.

Snjezana o convidou a sentar e ofereceu-lhe café. Conversamos por alguns minutos a respeito de várias coisas, sem nenhuma relação com Sarajevo e com meu concerto. Então ele se inclinou para a frente e ficou muito sério.

– Estes têm sido tempos terríveis de trevas para minha cidade – afirmou. – As granadas pararam e podemos andar pelas ruas, mas esta guerra ainda não está terminada. Enquanto as pessoas continuarem se separando umas das outras o ódio persistirá. Não teremos uma paz duradoura enquanto não mudarmos a maneira como pensamos. Foi para isso que convidamos você, Jimmy. Concertos como os seus nos ajudam a perceber de todas as maneiras, como somos iguais, como cada um de nós quer paz. Sei que muitas pessoas virão assistir a seu concerto.

Fiquei impressionado ao ver como Josip falava como se fosse um Emissário, e no entanto, que eu soubesse, não tinha nada a ver com eles. Era amigo do poeta que originalmente havia consultado Snjezana sobre a possibilidade de minha apresentação em Sarajevo. Ninguém sabia o que acontecera com o poeta. Ele aparentemente havia passado a responsabilidade adiante para Josip e aquela fora a última vez que Snjezana tivera notícias dele. Josip era o diretor de uma organização de paz inter-religiosa, em Sarajevo, que estava patrocinando o concerto. No dia seguinte teríamos uma reunião com o comitê responsável pelo planejamento do festival de inverno da cidade. Eles decidiriam em que teatro o concerto seria realizado. Então eu deveria comparecer a uma emissora de rádio local independente para ser entrevistado.

– Durante a guerra os sérvios tentaram esmagar a alma desta cidade – explicou Josip. – Eles destruíram a biblioteca, as salas de concertos e os teatros, qualquer coisa que representasse a cultura de Sarajevo. Nós outrora fomos uma das maiores cidades culturais da Europa. Nosso teatro nacional era o orgulho da Iugoslávia. Mas agora tudo isso mudou. Seu concerto será um dos primeiros eventos musicais realizados aqui em quase cinco anos.

– Quando começará a representar novamente? – perguntou Snjezana.

– Eu não representarei mais aqui – disse ele. – Agora não há nada aqui para mim. O governo não está interessado em promover o grande teatro. Mesmo que estivesse, não me apresentaria no palco. Meu sonho é levar minha família para a América. Talvez lá eu possa começar de novo. Mas como faço para ir? Seria fácil para mim me declarar um asilado político, mas não farei isso. Aqueles que se opõem a minhas idéias políticas não podem pensar que me derrotaram. O que quero é asilo cultural. O que acontece quando você não pode mais trabalhar na arte pela qual você é famoso? Não sei se existe tal coisa, mas continuarei sonhando com isso.

Tive certeza a partir daquele primeiro encontro que Josip seria um elemento importante desta história. Tinha a sensação de que ele nos fora enviado, ou, talvez, nós tivéssemos sido enviados a ele. Somente o tempo poderia dizer.

Depois de nossa reunião com o comitê do festival fomos de carro para a estação de rádio. No caminho, Josip apontou muitos dos prédios que tinham sido destruídos durante a guerra. A biblioteca anteriormente fora uma das mais bonitas construções de Sarajevo. Agora era uma estrutura vazia. Quarteirão após quarteirão tinha sido bombardeado e incendiado. Eu podia perceber o sofrimento nos olhos de Josip enquanto indicava cada prédio. Esta foi uma cidade belíssima outrora, dizia com freqüência. Agora era um lugar assustadoramente triste e opressivo.

A Studio 99, situada no porão do prédio do governo, era a única estação de rádio independente da Bósnia. Enquanto andávamos pelos corredores era interessante ver a reação das pessoas diante de Josip. Ele era o Marlon Brando da Iugoslávia. As pessoas paravam para lhe apertar a mão e encorajá-lo a voltar ao palco. Pejakovic era educado com todas elas, a despeito de seus sentimentos pessoais. Todo mundo percebeu quando Josip entrou no aposento. Ninguém nos dirigiu palavra enquanto atravessávamos a área de espera que levava ao estúdio.

Fomos para o maior estúdio. Os microfones foram posicionados e os níveis de som ajustados. Ia ser uma entrevista ao vivo, conduzida pelo disc-jockey que estivesse no ar naquele horário. Enquanto estávamos nos acomodando, uma moça entrou e veio sentar-se ao meu lado.

– Meu nome é Azra – disse ela e estendeu a mão. – Serei sua intérprete.
– Prazer em conhecê-la – disse.
– Por favor, apenas fale pausadamente e pare a cada dez segundos. Se você se adiantar muito não conseguirei me lembrar do que disse. – Ela sorriu.
Segundos depois a luz vermelha estava acesa e a entrevista começou. O disc-jockey me perguntou por que tinha vindo à Bósnia, o que esperava conseguir realizar e sobre o concerto. A cada pergunta Azra olhava profundamente bem nos meus olhos como se estivesse olhando para dentro de mim. A música do CD do Concerto para a Paz estava tocando ao fundo e senti que me descontraí, relaxei, não por causa da música, mas por causa de Azra. Havia alguma coisa nela que mexia comigo de uma maneira estranha e maravilhosa. Ela era jovem, talvez com vinte e poucos anos, tinha cabelos castanhos escuros e um rosto de anjo. Dei muito pouca atenção ao DJ fazendo as perguntas. Esperava por Azra, ouvindo sua tradução e depois falando diretamente para ela, como se não houvesse ninguém ali exceto nós.
– O que tem a esperança de realizar em Sarajevo? – perguntou o entrevistador através de Azra.
– Quero mostrar às pessoas que não existe o que chamam de guerra religiosa – respondi. – A religião é sempre voltada para a paz, não para a guerra. Todas as religiões ensinam a cooperação e o pacifismo. Para mostrar isso vou cantar as Orações pela Paz Muçulmanas e Cristãs, no concerto, demonstrando que elas têm um propósito comum.
Quando a entrevista terminou eles tocaram o resto do CD. Fiquei contente em saber que as orações pela paz das doze religiões do mundo estavam sendo transmitidas através das ondas de rádio de Sarajevo. Snjezana e Josip foram para outra sala para combinar os detalhes de uma entrevista para a televisão e eu fiquei no escritório com Azra.
– Como aprendeu a falar inglês tão bem? – perguntei a ela.
– Ninguém acredita em mim quando digo que nunca estudei inglês – disse Azra. – Aprendi sozinha, principalmente assistindo a filmes americanos.

– Nunca estudou inglês na escola?
– Está vendo, você também não acredita em mim. Eu assisti a centenas de filmes. Desde criança sonhava em viver na América. Quando assisto a filmes americanos sinto-me quase como se estivesse lá.
– É estranha a quantidade de pessoas que conheci aqui que gostaria de se mudar para a América – disse-lhe.
– A maioria das pessoas em Sarajevo se mudaria para quase qualquer lugar. Você não pode imaginar o que foi viver aqui durante a guerra. Não podíamos nem andar pelas ruas sem ter medo dos franco-atiradores. Certa vez, muito tarde da noite, tive vontade de ver as estrelas. Já fazia tanto tempo e eu só queria vê-las por um minuto. Minha mãe não sabia onde eu estava. Ela teria ficado furiosa se soubesse que estava sentada nos degraus da escada da frente de nossa casa. De repente, ouvi um estalido vindo de bem longe, de algum lugar à distância, então o som de uma bala voando ao lado de minha orelha. Passou a menos de dez centímetros de minha cabeça. Joguei-me no chão e fingi que estava morta. Estava com tanto medo que não conseguia nem me mover. A idéia de que alguém numa colina estava olhando para mim através de uma mira telescópica de uma carabina me paralisou. Finalmente me levantei e corri para dentro de casa. Ninguém em minha família jamais soube disso. Estava assustada demais para contar a eles.

A história de Azra me tocou profundamente. A maioria das pessoas que conheci em Sarajevo parecia isolada do mundo exterior, como se tivessem fechado as cortinas e vivido dentro de si mesmas. Percebi uma luz muito forte em Azra, como se tivesse conseguido continuar sendo ela mesma, independente de quão assustadora a guerra tivesse sido. Queria ajudá-la. Ela tinha muito pouca probabilidade de viver a vida que merecia em Sarajevo. Nadina havia encontrado uma maneira de ir para o Canadá. Talvez também houvesse alguma maneira para Azra.

Justo naquele instante Josip e Snjezana entraram na sala. Os dois estavam muito sérios, especialmente Snjezana. Sentaram-se no sofá em frente a mim.
– Há uma coisa que tenho que lhe dizer – começou Josip. –

As coisas ainda estão muito tensas na Bósnia. As pessoas ainda não estão prontas, ainda não são capazes de se liberar do ódio que sentem umas pelas outras. Esta idéia de cantar as Orações pela Paz muçulmanas e cristãs juntas é bastante radical. Isto nunca foi feito antes em Sarajevo e muitas pessoas não gostarão disso. Há cinco minutos, assim que a entrevista terminou, houve um telefonema. Um homem disse para avisá-lo que se cantasse as orações pela paz juntas você seria assassinado. Receio que tenhamos que considerar muito seriamente esta ameaça. Precisamos conversar sobre alternativas.
– Alternativas para quê? – perguntei.
– Talvez você não devesse cantar as orações – disse Snjezana. – Pode cantar as outras canções de paz e isso será o suficiente. Não há necessidade de se expor ao perigo.
Eu me levantei e fui andando até o outro lado da sala.
– Então acham que eles poderiam realmente tentar me matar.
– As pessoas não fazem falsas ameaças em Sarajevo – disse Josip. – Quando alguém diz que vai matar você, está falando sério.
– Mas não vim aqui para passar férias – declarei. – Eu sabia dos riscos antes de vir. Sabia que era perigoso. O fato de eu cantar essas orações ter despertado tamanha paixão é mais uma razão para fazê-lo.
– Você não veio aqui para ser morto – disse Snjezana. – Isto não serviria a nenhum propósito.
– Você está certa, não vim aqui para ser morto. E não serei. Existe alguma outra coisa acontecendo aqui, alguma coisa que está além de tudo isso. Você sabe disso, Snjezana. Tenho que cantar as orações, apesar do risco.
Azra ficou sentada ouvindo. Soube naquele instante que ela tinha sido trazida para dentro da história, exatamente como o resto de nós. Duro tinha dito que a última lição viria em Sarajevo. Talvez ela fosse a lição. Eu sabia que tinha que cantar as canções de paz. Não sabia o que aconteceria, mas já havia passado por tanta coisa. Eu tinha que confiar que o Mestre soubesse o que estava fazendo. Muito embora tivesse partido, eu acreditava que ele ainda estivesse orquestrando aquele drama.
Durante os dois dias que se seguiram passei todo o tempo

que pude com Azra. Ela me levou para passear por Sarajevo, me apresentou a seus amigos e me deu uma idéia clara de como havia sido a vida durante a guerra. Durante a noite andávamos pelo centro de Sarajevo como se estivéssemos em qualquer outra cidade, observando as pessoas, sentando em cafés e nos conhecendo. Eu não tinha idéia de como Sarajevo seria. Tudo o que tinha ouvido a respeito me levava a crer que era perigoso até sair de casa. E no entanto, todo mundo parecia ansioso para começar a viver uma vida normal, a vida que lhes havia sido negada durante quatro anos. Os jovens de Sarajevo não eram diferentes dos jovens de qualquer outro lugar. A maioria deles falava um inglês razoável e eles se entusiasmavam quando conversavam comigo. O que ouvi com mais freqüência foi que sentiam que tinham sido privados de coisas demais, durante anos. É impossível ser jovem durante uma guerra. Cada dia é tão incerto e a pressão é tão intensa. Agora que havia paz eles estavam prontos para recordar como era estar vivo, o que é viver.

– Nunca tive o que chamaria de uma amiga de verdade – disse-me ela, enquanto estávamos sentados num café. – Durante a guerra todos nós estávamos tão concentrados em sobreviver que era difícil pensar nos outros. Eu tinha uma amiga com quem passava a maior parte de meu tempo, mas aconteceu alguma coisa. Ela decidiu não ser mais minha amiga, de uma hora para a outra. Não tenho idéia de qual tenha sido o motivo. Agora as pessoas estão tentando retomar as coisas da maneira como eram. Mas mesmo assim têm medo. Reprimi por tanto tempo meus próprios sentimentos que pensei que tivesse perdido a capacidade de gostar de alguém. Mas não perdi. Conhecer você significou tanto para mim. Creio que você será meu verdadeiro amigo e isso me deixa feliz.

Estendi a mão sobre a mesa e segurei a mão dela.

– Eu sinto a mesma coisa, Azra. Desde que vim à Croácia pela primeira vez, no último verão, minha vida tem sido guiada. Conheci tantas pessoas que agora são partes integrantes e importantes de minha vida. E é exatamente assim que me sinto com relação a você. Muito embora tenhamos acabado de nos conhecer e tenhamos vidas tão diferentes, sei que você agora faz parte dessa história, faz parte de toda essa maravilhosa aventura que tenho vivido. Não sei como ou por que, mas sei que é verdade. Vou fazer tudo o que puder para levá-la para os Estados Unidos. Você merece a oportunidade de ter uma vida normal. Existem tantas cicatrizes aqui em Sarajevo. Pode levar muito tempo para que as pessoas deixem que o sofrimento se esgote. Creio que é muito possível que tenhamos nos conhecido para que você tenha uma oportunidade. Depois disso... quem sabe.

    O concerto estava marcado para a noite seguinte. Josip tinha reservado um teatro no centro da cidade que antes havia sido o teatro mais popular da Iugoslávia. Graças a Josip, o espetáculo tinha sido amplamente divulgado. Equipes da televisão local e nacional viriam gravar o concerto. Ele seria transmitido na rede de televisão nacional na íntegra e a estação local apresentaria trechos do concerto, bem como uma entrevista, como parte de um programa semanal sobre a paz. Josip convidou todo mundo que conhecia. O diretor do Teatro Nacional e um famoso diretor de cinema europeu estariam presentes. O concerto estava se tornando um evento ainda maior do que eu havia imaginado e o fato de que planejava cantar as Orações pela Paz Muçulmanas e Cristãs recebeu uma enorme atenção. Pensei sobre a ameaça de morte. Embora estivesse confiante com relação à minha decisão, não podia deixar de ter dúvidas. Não queria correr riscos desnecessários só para obter um final dramático para o livro. Que aconteceria com minha filha? Aquela decisão implicava mais coisas do que havia pensado inicialmente.

    O teatro estava quase cheio quando cheguei. Snjezana e Josip esperavam por mim nos bastidores e Azra estava em meu camarim com uma equipe de televisão local. Havia tempo suficiente para fazer a entrevista antes do concerto. Depois esperei nos bastidores com Josip. Ele parecia ansioso, preocupado comigo. Eu tinha certeza de que nada aconteceria durante o espetáculo. Talvez fosse apenas uma ameaça feita por um extremista, sem nenhuma intenção real de executá-la. Snjezana tinha tentado me fazer reconsiderar minha decisão durante dois dias. Agora era tarde demais. Josip entrou no palco e me apresentou.

    Eu entrei em cena em meio a um grande aplauso. A luz dos

refletores tornava impossível ver a platéia. Sentei-me no banco alto e toquei um *medley* de três canções: "What's Going On" de Marvin Gay, "Imagine" e "All We are Saying..." de John Lennon. Então coloquei o violão no chão.

— No verão passado, estava andando em um bonde em Zagreb e comecei a compor uma canção em minha cabeça. Quando cheguei a meu destino, peguei uma caneta para poder escrever o que criei. Chamava-se "Vamos pôr fim à guerra". Depois disso, pedi a um poeta em Rijeka para traduzir e adaptar a letra para a língua de vocês. Vou tentar cantar pelo menos parte dessa letra esta noite. Depois vou cantar em inglês, caso vocês não tenham compreendido meu croata mal falado. Umas duas semanas depois que escrevi esta canção, de repente, me encontrei nas montanhas da Croácia com uma comunidade espiritual chamada os Emissários da Luz. Eles me disseram que a humanidade havia evoluído e que finalmente estava pronta para aceitar a paz. Disseram que estávamos às vésperas de uma enorme mudança espiritual que nos afastaria da destruição da guerra levando-nos à harmonia da paz. É interessante que eu tenha escrito esta canção pouco antes de conhecer essas pessoas. Ela parece exemplificar tudo aquilo em que elas acreditam. Gostaria de compartilhar isso com vocês agora.

Peguei o violão no chão e comecei a tocar.

Ontem à noite tive um sonho
Todas as pessoas do mundo estavam em meu sonho
Parecia que a terra havia evoluído ao ponto
De pôr um fim à guerra.

Ontem à noite rezei uma oração.
Que encheu meu coração de enorme determinação.
Nunca mais ocuparia minha mente, não
Com pensamentos vazios de guerra, não

Entre a noite e o amanhã
Deu-se um grandioso acontecimento
Entre os gritos e o sofrimento

> *Quase pude ouvir as palavras que seguirei dizendo:*
> *Vamos pôr fim à guerra*
> *É pela paz que estamos vivendo*
> *Vamos pôr fim à guerra.*
>
> *Ontem à noite ouvi uma voz*
> *Uma voz suave, mas, Ah, tão forte voz.*
> *Que murmurava: "Quanto tempo, quanto tempo a terra*
> *Ainda acreditará em guerra?"*
>
> *Ontem à noite tive um sonho*
> *Nenhum país, nem um lugar na terra*
> *Tinha mais bombas, armas e aviões de guerra*
> *Pois fim pusemos à guerra*
>
> *E na escuridão do céu ameaçador*
> *Um grandioso símbolo apareceu*
> *De som de alegria e risos com esplendor*
> *O ar então se encheu*
> *Pois pusemos fim à guerra*
> *É por amor que vivemos na terra*
> *Vamos pôr fim à guerra.**

    O concerto foi um grande sucesso. Eu finalmente tinha apresentado o Concerto para a Paz em Sarajevo, com as Orações Muçulmanas e Cristãs pela Paz. Azra estava esperando por mim nos bastidores. Havia ficado ali durante todo o concerto.

– Você foi fantástico – exclamou, enquanto me abraçava. – Estou tão feliz por ter ficado sozinha para que ninguém pudesse me ver chorando.

– Eu estou feliz por finalmente ter terminado – comentei.

– Que vai fazer agora?

– Não sei. Acho que iremos embora amanhã. Josip organizou um outro concerto em Mostar.

---

* A letra da canção *Let's Put an End to War* foi adaptada em tradução livre cf. texto do original em inglês, página 240. (N. do T.)

– Não, quero dizer agora nesse momento. Que vai fazer depois que sair do teatro? Justo naquele instante a porta dos fundos do teatro se abriu e um homem entrou. Não consegui vê-lo muito bem, percebi apenas que era alto e magro. Ele se aproximou de nós.
– Fui enviado para levá-lo a um restaurante para uma festa de comemoração – disse ele em inglês. – O carro está aqui na viela.
– Bem, acho que isto responde à sua pergunta – disse a Azra.
– Por que não vem conosco?
– Seria ótimo – respondeu.
Olhei de volta para o homem.
– Espere um minuto enquanto vou buscar meu violão.
Naquele exato momento alguma coisa aconteceu. Ele tinha se movido para onde havia luz e eu pude olhar em seus olhos. Senti uma coisa em meu íntimo. Era um medo intenso. Ele fora mandado para me matar, tinha certeza disso. Podia ler sua mente, exatamente como Toni me ensinara. Os olhos dele eram frios e escuros. Se entrássemos naquele carro com ele estaríamos mortos. Segurei a mão de Azra e disse-lhe que viesse me ajudar. Fui andando até o palco e apanhei o violão.
– Qual é o problema? – perguntou Azra.
– Simplesmente venha comigo e não diga nada – sussurrei.
Nós pulamos do palco e corremos para a entrada principal. Ainda havia muita gente esperando e fomos imediatamente cercados. Vi Snjezana e Josip perto da porta. Pensei em correr até onde estavam, mas sabia que estaríamos seguros enquanto houvesse gente em volta. Naquele instante senti alguém apertar meu braço.
– Venha comigo, rápido – sussurraram em meu ouvido. Eu olhei bem nos olhos de quem falara. Eram suaves e claros. Exatamente como soubera que estava em perigo com o outro homem sabia que estaria seguro com este. Pedi licença e agarrei o braço de Azra. Saímos correndo por uma porta lateral até um carro que já estava com o motor ligado.
– Rápido, entrem na parte de trás – disse enquanto ocupava o assento do motorista. Azra entrou, então entreguei o violão para ela. O carro arrancou, se afastando, enquanto eu fechava a porta.
– Para onde está nos levando? – perguntei ao homem.

– Para um lugar seguro – disse ele. – Talvez não saiba disso, mas quase foi morto esta noite. Havia pessoas no teatro com ordens para assassinar você.

– Mas por que alguém iria querer me matar só porque cantei algumas canções de paz?

– É mais do que isso. Matar você também serve a um objetivo político. Nós temos conhecimento de que muitas pessoas na América não acham que seu Exército devesse estar na Bósnia. Se algumas pessoas como você fossem mortas haveria grande pressão sobre o presidente de seu país para retirar as tropas. O acordo de paz fracassaria e as coisas voltariam ao estado em que estavam antes. Isto é o que os grupos nacionalistas radicais aqui desejam. Você era apenas um meio para atingir um objetivo.

– E quem é você?

– Sou Robert. Sou a pessoa que convidou você para vir a Sarajevo.

– Você é o poeta. Estava me perguntando que teria lhe acontecido. Como soube que estávamos correndo perigo?

– Isto não é uma coisa que eu possa explicar agora. Por enquanto, trate de se recostar e relaxar. Estaremos lá dentro de poucos minutos.

Eu me perguntei onde seria "lá". Olhei para Azra. Ela parecia estar se divertindo com a correria. Tudo tinha acontecido tão depressa, eu não sabia o que pensar. O carro atravessou o rio que levava à colina. Se continuássemos naquela direção logo estaríamos no setor sérvio da cidade. Alguns segundos depois ele fez uma curva, entrou por uma viela e parou atrás de um prédio. Robert saltou do carro e abriu a porta de trás. Pegou o violão e fez sinal para que o seguíssemos.

Fomos andando por entre dois prédios em direção a uma porta iluminada por uma luz fraca. Robert destrancou a porta e a abriu para nós. Azra e eu esperamos por ele no interior. Ele então nos conduziu por um corredor largo até um aposento do lado esquerdo. Acendeu a luz, pediu que nos sentássemos e saiu. O lugar parecia ser uma espécie de sala de espera. Havia cadeiras arrumadas ao longo de uma parede e uma única escrivaninha pequenina ficava em um dos cantos. Tiramos os casacos e nos sentamos.

– Você tem alguma idéia de onde estamos? – perguntei a Azra.
– Não conheço esta parte da cidade muito bem – respondeu.
– É muito perigosa porque fica muito próxima do setor sérvio.
Naquele momento a porta se abriu e Robert entrou na sala. Segurou a porta para o homem que vinha atrás dele. Quando vi quem era quase desmaiei.
– Bem-vindo a Sarajevo – disse Toni, meu amigo, assistente dos Emissários.
Eu me levantei e o abracei.
– Ah, meu Deus, Toni. Não consigo acreditar que seja você.
– Estive observando você desde que chegou aqui – disse ele.
– Robert convidou você porque pedi.
– Mas o que houve com os Emissários? Fui até a comunidade com Duro e todo mundo tinha ido embora.
Ele fez um gesto para que todos sentássemos.
– Você não deveria ter ficado surpreso ao encontrar a comunidade vazia. Você é o motivo para que esteja assim. Você fez seu aprendizado sobre os Emissários e agora começou a ensinar ao mundo o que aprendeu. A humanidade deu um novo passo e os Emissários não são mais necessários da maneira como sempre haviam sido. Através de seu livro as pessoas aprenderão a expandir a Luz Divina por si mesmas, acelerando dramaticamente a chegada de uma nova era.
– Mas que aconteceu com eles?
– Como posso explicar isso? – disse Toni. – Eles simplesmente se foram. A Luz Divina os levou. Isto é o que finalmente acontecerá com todos nós. Eles não morreram, ascenderam. Um dia aconteceu uma coisa durante uma sessão que nunca havia acontecido antes. Foi como se a Luz tivesse se revertido. Em vez de se expandir para fora da roda, entrou nela. Enquanto fazia isso, tudo no interior da roda começou a reluzir e a girar. Então, repentinamente, houve um clarão fulgurante de luz e quando olhamos eles tinham sumido. Os Emissários e a roda tinham desaparecido. Todos nós soubemos o que tinha acontecido. Eles vinham nos preparando para aquilo há semanas, quase que imediatamente depois de você partir. Sabíamos que estava acabado, ou melhor,

que na verdade havia acabado de começar. Todos os assistentes seguiram seus caminhos, alguns de volta para casa e outros para lugares onde podem continuar o trabalho. Eu vim para cá, para Sarajevo. É aqui que plantarei as sementes da paz, ou transmitirei e expandirei tudo o que aprendi com os Emissários.
– O que é este lugar? – perguntei.
– Este é o único lugar na Bósnia onde pessoas de todas as religiões e culturas estão vivendo juntas em paz. Isto é o começo, o modelo que ensinará aos outros como viver.
Naquele momento alguém bateu à porta. Robert foi até lá e abriu. Um garoto jovem segurava uma bandeja com xícaras cheias de café. Tinha talvez uns dez anos de idade e sua cabeça parecia ter sofrido algum tipo de traumatismo. A cabeça tinha imensas cicatrizes correndo em duas direções com uma ligeira endentação em um lado. Ele disse alguma coisa para Robert, depois entregou a bandeja. O garoto era retardado, de maneira bastante visível, provavelmente em conseqüência do ferimento na cabeça. Ele foi até onde Toni estava e se sentou em seu colo.
– Este é Damian – disse Toni. – Ele mora conosco. É um membro de nossa comunidade. Durante a guerra os pais dele foram mortos e ele sofreu graves ferimentos. Damian é bósnio, mas também existem sérvios e croatas morando aqui. Não há nenhuma diferença entre eles. Nós vivemos juntos em paz.
– Onde estão os outros membros da comunidade? – perguntei.
– Estão todos dormindo. Damian sempre vai dormir muito tarde, por isso fica comigo. Os outros vão para a cama por volta das oito horas.
– Espere um minuto – disse. – Está me dizendo que isto é um abrigo para crianças retardadas? Esta é sua comunidade espiritual?
– Correto. Este lugar é um abrigo para crianças que são deficientes mentais e órfãs. É aqui que começamos. Como eu disse, é o único lugar na Bósnia em que pessoas de todas as culturas estão vivendo juntas. Essas crianças são um sinal, um sinal tão sutil e inocente que é difícil perceber. Para mim não são diferentes de nenhum outro grupo dedicado à paz. Dessa pequena semente uma

cultura inteiramente nova nascerá aqui em Sarajevo. Foi isto que vim fazer aqui. Queria que você compreendesse.
– Compreendesse o quê?
– Que não podemos julgar pelas aparências. Olhe para esta cidade. Por toda parte se vê a destruição causada pela guerra. O ódio parece ter conseguido levar a melhor. Mas será que isso é verdade? Se você aprendeu alguma coisa com os Emissários, saberá que não é. Isso é o resultado de um mundo determinado a provar que a separação é real. Mas somente o amor é real, não importa como as coisas possam parecer. O papel de um Emissário é ver, para além da ilusão, o que é verdade, é literalmente ver através do mundo. Este é o verdadeiro perdão e é o que trará uma nova e verdadeira visão do mundo para a humanidade. Esta é a última lição. Sem perdão, tudo o que você aprendeu fica incompleto. Quando aprender a ver, para além dos efeitos do mundo, o que é a verdadeira causa, então será capaz de propagar e expandir uma paz duradoura.

Bateram à porta mais uma vez. Quando Robert abriu, Josip e Snjezana entraram e sentaram-se. Tudo se encaixou. Josip havia sido parte daquele mistério desde o início. Ele sabia de tudo sobre o Mestre e os outros Emissários. Toni tinha organizado tudo, desde me convidar para vir a Sarajevo à minha apresentação a Josip. A única coisa que eles não tinham planejado era a ameaça de morte. Mas mesmo assim Toni teve a presciência de mandar Robert para nos salvar, escapando por pouco do que teria sido uma tragédia. Snjezana e eu ficamos no orfanato naquela noite, para o caso de alguém, tentando me matar, estar esperando por nós no apartamento. Eu estava tão feliz por rever Toni. Agora todas as peças se encaixavam, de todas as lições que aprendi com o Mestre ao mistério por trás do convite para que eu viesse a Sarajevo. Ficamos sentados durante horas conversando sobre os Emissários e tudo que havia acontecido. À meia-noite Robert disse a Azra que lhe daria uma carona para casa. Mas antes que ela se fosse pedi que saísse comigo até a viela para uma conversa particular.

– Nós vamos embora amanhã – disse-lhe. – Josip combinou que eu fizesse um concerto em Mostar. Eu só queria que soubes-

se quanto foi importante para mim estar com você durante esses últimos dias.
— E você nunca saberá o quanto significou para mim. O simples fato de você estar indo embora não quer dizer que estaremos separados. Você é meu amigo de verdade. Isso é tudo o que importa. Acredito que algum dia irei para a América. E quando for, nós nos veremos de novo.
— Vou fazer tudo o que puder para levar você para lá — prometi. — Sinto tamanha ternura por você, Azra. De um jeito ou outro voltaremos a estar juntos novamente.
Eu a tomei nos braços e ficamos abraçados até que Robert veio chamá-la para levá-la em casa. Então fiquei parado na viela olhando, enquanto o carro se afastava. Eu sabia que não seria a última vez que veria Azra. Ela fazia parte da história maior que havia apenas começado.
Bem cedo na manhã seguinte Josip telefonou para a organização que estava patrocinando meu concerto em Mostar. As coisas haviam mudado dramaticamente. Mais de cem homens da polícia especial croata tinham sido convocados para a cidade, no dia anterior, antecipando uma retomada dos violentos confrontos entre católicos e muçulmanos. Todos os estrangeiros tinham sido evacuados e os ônibus estavam sendo desviados de forma a não passar pela cidade. O concerto estava cancelado.
Snjezana e eu decidimos voltar para Rijeka. Seria perigoso demais para mim permanecer em Sarajevo e eu já tinha realizado todas as metas a que tinha me proposto. Josip nos levou de carro até a rodoviária e nos despedimos. Eu me sentia tão abençoado por tê-lo conhecido e a tantas outras pessoas em Sarajevo. O espírito da cidade não havia sido esmagado. Através da inspiração de pessoas como Josip, Toni e Robert, tinha certeza de que Sarajevo se ergueria novamente.
Quando nos aproximamos do setor sérvio, mais uma vez fomos recebidos pela coluna de tanques que nos escoltou em segurança na passagem através das montanhas. A viagem tinha acabado. Eu não conseguia acreditar que tanta coisa havia acontecido não apenas desde que havia chegado à Bósnia mas desde que originalmente tinha pensado que o livro estava terminado.

Tudo isso tinha que ser a parte final. Era o encerramento perfeito. Reclinei-me no assento e respirei fundo, grato pelo fato de ter sido guiado em segurança ao longo dessa aventura.

Quando o ônibus estava a vários quilômetros de Mostar, entrou numa pequena estrada à esquerda. O desvio nos afastaria da rota normal e acrescentaria cerca de uma hora à nossa viagem. Seguimos passando por uma sucessão de pequenos vilarejos e aldeias. Estávamos na Herzegovina, uma região que se considerava croata, a despeito do fato de que, na verdade, ficava na Bósnia. Este parecia ser o principal problema. A religião havia sido tão intimamente entrelaçada com o nacionalismo que havia muito pouca tolerância com qualquer pessoa ou qualquer coisa que não se enquadrasse perfeitamente na maneira preestabelecida das coisas. Não parecia ter importância onde você vivia. Se você era católico, era croata, puro e simples.

Eu estava olhando pela janela quando o ônibus entrou e parou numa pequena aldeia. Snjezana havia adormecido. O motorista desligou o motor e anunciou que faríamos uma parada de quinze minutos. Acordei Snjezana e perguntei se queria alguma coisa para comer. Ela se levantou no assento e perguntou onde estávamos. Eu não sabia. Quando saltamos do ônibus Snjezana perguntou ao motorista.

– Estamos em Medjugorje – comentou –, aquele lugar onde dizem que Maria tem aparecido para seis crianças.

Eu não conseguia acreditar no que estava ouvindo.

– Nós temos que ficar – disse a ela. – De jeito nenhum vou perder uma oportunidade de passar algum tempo em Medjugorje. Não é por acaso que estamos aqui.

Snjezana descobriu que um outro ônibus passaria pela cidade às seis horas da tarde seguinte. Não havia problema em sair daquele ônibus e reembarcar no dia seguinte. Retiramos nossas coisas do compartimento de bagagem e começamos a andar na direção da pequena aldeia. No final da rua eu podia ver uma imensa igreja branca com dois campanários muito altos. À esquerda e à direita da igreja havia restaurantes modernos e lojas de lembranças. Há poucos anos Medjugorje não era nada além de umas poucas estradas de terra batida e algumas casas. Milhões de pessoas tinham vindo a Medjugorje desde que as aparições haviam começado, criando uma indústria turística florescente. Muitas famílias tinham ampliado suas casas para acomodar os fiéis. Enfileiradas na estrada principal havia pelo menos dez lojas diferentes, todas vendendo os mesmos rosários, estatuetas de plástico de Nossa Senhora e cartões da santa.

Fomos andando até a igreja no final da estrada. Aquele era o centro de atividade em Medjugorje, o lugar onde as aparições diárias ocorriam, depois que funcionários do governo proibiram as reuniões na colina próxima, onde as aparições começaram. Várias das crianças já estavam casadas e tinham se mudado de Medjugorje, mas continuavam sendo visitadas por Maria todos os dias às 5:45 da tarde, onde quer que estivessem. Quando chegamos à igreja, ela estava cheia pela metade. Encostamos nossa bagagem na parede e nos sentamos no fundo da igreja. Estavam rezando o rosário em croata. Fiquei surpreendido por ver tanta gente jovem ali. As aparições tinham inspirado uma renovação de fé em todo mundo, inclusive nos jovens.

Senti uma tremenda energia por toda parte em torno de mim, um sentimento semelhante ao que havia experimentado com os Emissários. Fechei os olhos e comecei a meditar. Quase imediatamente me senti começar a vibrar, exatamente como tinha feito no último dia de sessão. A sensação era intensa, mas agradável. O som das pessoas rezando ressoava profundamente em meu íntimo. Comecei a me lembrar de tudo que o Mestre me dissera sobre Medjugorje, que havia um enorme ressurgimento da Luz Divina naquele lugar. A experiência que as crianças estavam vivendo era real, afirmara, a despeito do tom decididamente católico. Eu podia sentir a energia se movendo através e em volta de mim. Depois de algum tempo, Snjezana tocou em meu braço e fez sinal de que estava na hora de ir.

Encontramos uma hospedaria e alugamos dois quartos. Só havia uma outra pessoa hospedada ali, naquele momento, um francês que parecia ansioso para conversar apesar de não saber falar uma palavra de inglês. O prédio não tinha aquecimento, uma coisa com que havia acabado por me habituar, desde que chegara àquela região. Não tinha passado uma única noite num quarto quente. E no entanto a excitação por estar em Medjugorje ofuscava tudo mais. Eu tinha um pressentimento de que alguma coisa incrível iria acontecer no dia seguinte. Todas as vezes em que eu pensava que o livro tinha chegado ao fim alguma coisa mais acontecia, que lhe imprimia uma nova direção. Finalmente relaxei e adormeci, me perguntando o que viria a seguir.

Fui despertado pelo cantar de um galo logo abaixo de minha janela. Eram seis horas e a fazenda estava em plena atividade. Tentei voltar a dormir, mas não consegui. Snjezana já estava de pé e tomando café com a família que era dona da hospedaria. Convidaram-me a me reunir a eles. Depois do café da manhã fomos andando de volta até a igreja para ver o que estava programado para aquele dia. A missa em inglês seria ao meio-dia. Também havia várias excursões com o acompanhamento de guias até o topo da Colina da Aparição. Ficamos caminhando pela aldeia durante umas duas horas, então decidimos fazer uma das excursões. Enquanto estávamos parados perto da porta da igreja esperando que nossa excursão começasse, reparei em uma pequena colina redonda na direção oposta à da Colina da Aparição. Eu tinha um estranho sentimento de que estava sendo atraído para aquele lugar, como se fosse um magneto. Contemplei-o por longo tempo, mas não vi nada de extraordinário. O lugar estava me chamando, disso eu tinha certeza. Quando os outros chegaram para a excursão, disse a Snjezana que fosse sem mim. Eu me encontraria com ela ao meio-dia.

Comecei a andar pelos campos que levavam à colina. Parecia que ficava a apenas uns dez ou quinze minutos de caminhada. Fui andando em meio aos campos e vinhedos durante quase uma hora até alcançar a base. Cheguei a uma minúscula aldeia. Não parecia haver um caminho por onde se pudesse subir a colina, assim me aproximei de um rapaz que estava parado diante de uma pequena choupana. Ele não falava inglês, mas consegui explicar a ele que queria subir até o topo da colina. O rapaz fez um gesto para que o seguisse. Ele me indicaria o caminho.

Escalar a colina era extremamente difícil. Era necessário prestar atenção constante a pedregulhos soltos para se evitar ferimentos com uma queda. A colina era coberta por espessos espinheiros. Não foi preciso muito tempo para que minhas mãos e braços estivessem sangrando por causa dos arranhões. Meu guia me conduziu na subida até a metade do caminho, depois gesticulou indicando que continuasse seguindo reto. Ele não parecia compreender porque eu queria subir uma colina tão perigosa. Não consegui explicar, mas sabia que tinha que fazê-lo. Havia alguma coisa esperando por mim no topo, isso era tudo o que eu sabia.

Olhei para a crista da colina e pensei ter visto alguma coisa reluzindo. O dia estava ensolarado e achei que fosse ilusão de ótica, um reflexo do sol. Continuei a escalada. Mantive o olhar atento observando as rochas e comecei a me dar conta que em cada uma havia um desenho. Parei para olhar mais de perto. Eram os símbolos, os mesmos símbolos que compunham a roda na comunidade dos Emissários. Havia centenas de pequenas rodas e imagens do algarismo oito. Eu me inclinei para tocar e sentir a textura dos símbolos e me dei conta de que não eram desenhados ou entalhados nas pedras. Era quase como se tivessem se criado ali por si mesmos. As linhas eram denteadas e às vezes obscuras, feitas de uma substância escura em relevo que parecia ter a consistência da própria rocha. Olhei para o cume novamente. Estava certo de que alguma coisa estava lá, reluzindo e me atraindo. Comecei a subir o mais rápido que podia, conduzido por uma força misteriosa. Sem que me desse conta, tinha chegado lá.

Reparei numa imensa pilha de rochas bem na crista da colina. Aquele era o ponto que parecia estar reluzindo. Quanto mais alto eu subia mais rochas tinham os símbolos obscuros. Quando finalmente alcancei o topo, olhei de novo para a enorme pilha. Estava a vinte ou trinta metros à minha frente. Agora eu podia ver a luz claramente e não conseguia acreditar no que estava vendo. No alto dela havia uma outra pilha, mais ou menos do tamanho de um banco. Sentado bem lá no topo estava o Mestre. Ele estava sentado de pernas cruzadas e de olhos fechados. A Luz o envolvia num círculo completo, como se irradiasse do interior.

Quando cheguei à base da pilha de rochas, me ajoelhei. Eu me senti tomado pela energia, a mesma que envolvia o Mestre num círculo completo. Ele abriu os olhos e olhou para mim.

– Não tenha medo – disse. – Venha até aqui, suba ao cume. A pilha tinha cerca de dois metros e meio de altura. Subi até o cume e me sentei a cerca de dois metros de distância dele. Agora eu estava dentro da Luz. Tudo mais pareceu desaparecer, como se estivéssemos flutuando muito alto numa nuvem. Eu me sentia muito feliz por vê-lo novamente. Pensei que nunca mais teria essa oportunidade de novo. Ele me olhava com amor e ternura.

– Eu nunca poderia realmente abandonar você – disse. – Agora posso ajudá-lo de maneiras que não podia antes. Só porque meu corpo se foi não significa que eu não esteja com você. Sempre estarei com você porque você deu início à sua jornada de Emissário.

Parecia que o corpo dele não estava realmente tocando as rochas e sim flutuando cerca de dois centímetros acima delas. Eu também tinha a estranha sensação de que ele não estava ali de forma alguma, pelo menos não na forma física com a qual estava habituado. Estava olhando para algum tipo de projeção e, no entanto, ele estava a poucos metros de distância de mim.

– Para onde foi? – perguntei-lhe. – Eu voltei à comunidade com Duro e não havia ninguém lá.

– Por que isto o surpreendeu? Conforme Duro disse, nosso trabalho foi concluído quase imediatamente depois que você partiu. Você já começou a falar ao mundo sobre os Emissários. A humanidade já começou a fazer a transição para o próximo nível de evolução, o nível para o qual a preparamos. Agora, é o seu trabalho que é importante, não o nosso. É por seu intermédio que eles compreenderão quem são.

– E por que está aqui comigo agora?

– Porque ainda existe uma última coisa que tenho que lhe mostrar. Quando você esteve em Sarajevo, aprendeu a olhar e ver para além da situação, do trauma e da destruição, para ver a verdade que é imutável. Foi através desse caminho que levou paz a eles, mostrando-lhes uma visão verdadeira deles mesmos. A última coisa que lhe mostrarei é muito pessoal. É uma Porta para a Eternidade, a porta por onde você deve passar antes de poder assumir seu papel como um verdadeiro Emissário. Ela é uma passagem que separa este mundo do mundo real, uma minúscula

ponte que se estende sobre o espaço que existe entre a verdade e a ilusão. Depois que você tiver passado por esta porta, dando um passo para fora do tempo e depois voltado, somente depois disso será capaz de completar plenamente sua missão.
— E qual é a minha missão?
— Iniciar um novo grupo de Emissários. O velho grupo dissolveu-se. Nós não somos mais necessários. Este novo grupo existirá de uma maneira que não poderíamos ter existido. Milhares de pessoas exatamente como você darão esse passo e se tornarão exemplos para o mundo. Você fará isso existindo fora do mundo e dentro dele ao mesmo tempo. A humanidade verá a maneira como você existe e aprenderá através de seu exemplo. Seu compromisso para existir fora do tempo vivificará um novo grupo de Emissários que abrirá o caminho para o resto da humanidade. O mundo finalmente começou a fazer a escolha pela paz. Esses novos Emissários nutrirão esta escolha, ajudando todos os demais a amadurecer, a propagar e a expandir essa nova visão de realidade.
— O que é a Porta para a Eternidade?
— É uma via que dá entrada para a verdade que sempre esteve bem diante de você. Como ser humano você existe em um universo tridimensional. E no entanto existem outras dimensões que você desconhece completamente, mas que tem a capacidade de acessar. Isto é o que um verdadeiro Emissário faz, movimentar-se entre essas diferentes dimensões. Existe literalmente uma porta que está sempre bem à sua frente. Você precisa aprender a perceber e a verdadeiramente ver a porta, então lhe dedicar toda a sua atenção. Quanto mais atenção você dedicar, mais energia receberá dela. E então a porta o puxará fazendo-o passar através dela, você inteiro. Ela o sorverá para a quarta dimensão, uma dimensão além do tempo e do espaço, o que você poderia chamar de o nível causal de existência. É nela que você experimentará verdadeiramente a Luz Divina, a origem da criação. E então você voltará, entrará de novo no universo físico. Contudo, trará alguma coisa da quarta dimensão quando voltar. Isto é o que compartilhará. Esta é a dádiva que um Emissário dá ao mundo.
— Está me dizendo que passarei pela porta fisicamente? Quer dizer que de fato entrarei em um mundo inteiramente novo?

– É você quem pensa que seu corpo e seu espírito são separados. Eu disse que você passará pela porta completamente, com todos os elementos de seu ser. Isto inclui seu corpo físico. Até mesmo ele deve ser transformado pela Luz. Quando você passar pela porta, poderá decidir não voltar. Não há nada de errado com esta decisão, mas deve se lembrar que escolheu ser um Emissário, e um Emissário sempre volta. Eles são o elo entre os dois mundos, o mundo de ilusões e o mundo real. Você e aqueles que vierem depois de você serão como um sinal para o resto da humanidade. Você lhes mostrará o caminho, da mesma forma que eu lhe mostrei o caminho.

"Você deve passar pela Porta para a Eternidade, a porta que leva para fora do tempo. Este é o passo a que todas as outras lições conduziam. Ele começa com o liberar-se do medo, depois vê para além da ilusão da separação. No momento que tiver permitido que a Luz Divina cresça, se expanda dentro de você e permeie o seu ser, somente então, estará pronto para ver a Porta. É preciso apenas que haja uma alteração de percepção para vê-la.

– Como posso aprender a ver a Porta para a Eternidade? – perguntei.

– Seu desejo lhe mostrará. Eu posso ajudá-lo a concentrar sua atenção, mas é seu desejo de vê-la e de passar por ela que revela a passagem para a quarta dimensão.

O Mestre me pediu que me sentasse e fechasse os olhos. Ele então me conduziu pela meditação que havia aprendido quando ainda estava com os Emissários. Reuni todas as minhas emoções e as projetei através de meu coração. Meu corpo inteiro foi tomado por uma espantosa energia. Os símbolos nas pedras pareciam modificar o ar. A energia transbordou de meu coração e encheu a área de Luz.

– Agora quero que concentre sua atenção em uma distância a cerca de três metros à sua frente. Não a concentre em nada em particular, permita apenas que seu olhar paire no espaço. Agora permita que a Luz que está sendo projetada de seu coração encha aquele espaço. Não tente ver a Porta com seus olhos, inicialmente, use sua intuição e emoções. Está bem na sua frente. Você precisa apenas permitir que entre em foco. Você começará a perceber que a Luz que está saindo de seu peito está desaparecendo na área em que está se concentrando. Ela está de fato sendo sugada para dentro da Porta. Enquanto isso acontece você sentirá que está se expandindo. Isso acontecerá lentamente, mas à medida que permitir que a energia cresça e se expanda você começará a ver uma abertura... não uma abertura física, mas uma abertura que existe além do aspecto físico. É uma nova dimensão, a via que permite a entrada para um novo nível de existência.

Enquanto ele falava comecei a perceber alguma coisa como uma porta ou uma abertura pairando cerca de três metros à minha frente. Não podia vê-la com meus olhos, mas realmente a sentia. A Luz saindo de meu coração começou a desaparecer na área da abertura. Depois de cerca de um minuto alguma coisa começou a mudar. Podia ver alguma coisa se formando, quase como um pedaço de plástico transparente flutuando no espaço. A Luz atingia a abertura e então desaparecia como se estivesse sendo sugada. Eu me senti querendo ir para a Porta. O fato de vê-la me encheu de uma incrível paz e alegria, e queria ver aonde ela me conduzia.

– Permita que a Porta o leve – disse o Mestre. – A Luz que você está projetando para dentro da Porta é como uma corda que puxa você para mais perto. Deixe que ela puxe você para fora do tempo, para a eternidade. Deixe que seu desejo cresça tornando-se forte e que aumente até sentir que tem que ir até a Porta. A luz o puxará. Apenas permita-se ser levado.

Eu me senti sugado para dentro da Porta. Tudo em torno de mim começou a desaparecer e minha mente não operava como fazia normalmente. Eu estava totalmente em paz e ao mesmo tempo repleto de uma incrível energia. Não sabia se meu corpo estava se movendo ou não. Tudo que sabia era que minha essência estava sendo puxada para mais adiante, como se isto fosse a realização de minha vida inteira, dar um passo para fora do tempo. Estava flutuando através do espaço, movendo-me lentamente em direção à Porta. À medida que me aproximava, podia ver através dela, como se o universo inteiro estivesse do outro lado. Se eu entrasse por ela, sabia que o mundo desapareceria. Tudo que eu conhecia estaria acabado.

Repentinamente estava me movendo para trás, de volta para

meu corpo. Eu estava com medo e com esse pensamento a Porta para a Eternidade começou a desaparecer. Poucos segundos depois tomei consciência do que me circundava, a pedra em que estava sentado e o Mestre ainda sentado à minha frente.
— Que aconteceu? — perguntei-lhe, desapontado com o fato de estar de volta.
— Medo é o que aconteceu. Você teve medo do que lhe aconteceria se desse um passo para fora do tempo. Apenas por um instante você acreditou que tudo que conhece desapareceria para sempre, como se tudo que você ama fosse se perder. O medo é a única coisa que o impede de ver a Porta para a Eternidade. Não me surpreende que isto tenha acontecido. Eu teria ficado espantado se você tivesse sido capaz de entrar tão rapidamente. O simples fato de ter visto e conhecido a porta já é um passo importante. Isto por si só é um feito grandioso.
— Eu serei capaz de ver a Porta novamente?
— Olhe para a sua frente e veja se consegue vê-la.
Respirei fundo e deixei meu olhar pairar onde tinha visto a Porta anteriormente. Alguns segundos depois pude vê-la, exatamente como antes. Mais uma vez senti a paz incrível de ter a percepção da Porta para a Eternidade.
— Depois que você vê a Porta uma vez, sempre será capaz de vê-la novamente — disse o Mestre. — Só precisa saber como olhar. Você treinou seus olhos para não vê-la. Mas pode reaprender e descobrir o que sempre esteve bem diante de seus olhos. Dar o passo de entrar pela porta é algo que acontecerá por si só, quando você tiver se liberado completamente de seu medo. Você dará o passo para fora do tempo e experimentará a eternidade, então voltará como um Emissário da Luz. Eu lhe ensinei tudo que posso a respeito disso. Existe um Outro que virá procurá-lo. Ele será quem o levará para o próximo nível.
— Como assim? — perguntei. — Está querendo dizer que eu terei um outro Mestre? Onde estará o senhor?
— Estarei onde sempre estive... dentro de você. Não posso lhe contar mais nada sobre Aquele que está por vir, somente que você precisa dele e que ele pode ajudá-lo. Tudo que direi é isto: Você deve ser diligente e concentrar sua mente em uma coisa, dar

o passo de entrada pela Porta para a Eternidade. Esta deve ser sua única meta. Nada mais importa, a não ser isto.
A luz em torno do corpo do Mestre começou a ficar cada vez mais brilhante até que tornou-se difícil vê-lo. Era como se estivesse sendo levado pela Luz ou como se ele próprio estivesse entrando pela Porta.
– Lembre-se, Jimmy, não existe morte. Eu não morri e independentemente de como você perceba seu corpo, somente a vida é real. Conte a todo mundo o que viu. Ajude-os a compreender o quanto são sagrados, que todos eles são Emissários da Luz. A humanidade deu um passo incrível e com este passo vêm novas responsabilidades. Ajude-os a abandonar seus brinquedos e a aceitar a paz onde ela realmente se encontra... dentro de nós. Eu sempre estarei com você, Jimmy. Nunca se esqueça disso.
De repente ele se foi. A luz desapareceu e eu estava sentado sozinho no topo da colina. Fechei os olhos e respirei fundo. Senti uma sensação de paz que nunca havia sentido antes, um sentimento de certeza de que tudo estava em perfeita ordem. Fiquei sentado ali durante muito tempo. Depois me levantei, olhei em volta e comecei a descer a colina.

I had a dream last night.
All the people in the world were involved.
It seemed the earth had evolved to the point
Where we put an end to war.

I said a prayer last night.
It filled my heart with such resolve.
No longer would I involve my mind
With empty thoughts of war.

Between the night and tomorrow
A great thing did occur.
Between the cries and the sorrow
I could almost hear these words:
"Let's put an end to war.
It's peace we're living for.
Let's put and end to war."

I heard a voice last night.
The voice was soft but oh so strong.
It whispered, "How long, how long
Will you put your faith in war?"

I had a dream last night,
Not a country or place remained
With bombs or guns or fighter planes,
'Cause we'd put an end to war.

And in the dark forbidding sky
A great sign did appear.
The sound of joy and laughter
Did fill the air.
'Cause we'd put an end to war.
It's love we're living for.
Let's put an end to war.

Organizações de Paz

Action Council for Peace
in the Balkans
P.O. Box 28268
Washington, D.C.
20038-0268 USA
(202) 737.1414
email: ActionCncl@aol.com

American Friends Service
Committee
2161 Massachusetts Avenue
Cambridge, MA 02140 USA
(617) 661-6130

Amnesty International
322 Eighth Avenue
NY, NY 10001 USA
(212) 807-8400
email: aiaction@igc.apc.org

Balkan Institute
P.O.Box 27974
Washington, D.C. 20038-7974 USA
email: BalkanInst@aol.com

Center for Attitudinal Healing
Croatia
Rosanova 10
10000 Zagrab, Croatia
011-385-122-9518
(202) 737-5219
email:vgrbic@public.srce.hr

Commissione Di Giustizia, Pace
E Salvaguardia Del Creato
Piazzetta S. Spagnoli, 1
06081 Assisi (PG) Italia
Tel. 39-(0) 75-815194
Fax: 39-(0) 75-815197

Nonviolence International
P.O. Box 39127
Friendship Station, N.W.
Washington D.C. 20016 USA
(202) 244-0951
email:nonviolence@igc.apc.org

Peace Online Network (PeaceNet):
para obter mais informações
envie uma mensagem via email
em branco para:
peacenet-info@peacenet.apc.org

The Quartus Foundation
P.O. Box 1768
Boerne, TX 78006
Tel: (830) 249-3985
email:quartus@texas.net

Sri Chinmoy
Peace Runs International
61-20 Grand Central Parkway,
Suite B-408
Forest Hills, NY 11375 USA
Tel: (718) 760-0250
Fax: (718) 592-1696

Nota do autor

Para obter informações sobre o CD de James Twyman, *Peace Concert*, a agenda de seus concertos e *workshops*, ou a Emissary of Light Newsletter, por favor envie um envelope de tamanho pequeno endereçado e selado para:

>Emissary of Light Newsletter
>P.O. Box 397
>Accord, Massachusetts 02018

Este livro foi composto pela
Art Line Produções Gráficas Ltda.
Rua Visconde de Inhaúma, 64 - Centro - RJ
e impresso na Editora JPA Ltda.
Av. Brasil, 10.600 - Rio de Janeiro - RJ
em março de 1999,
para a Editora Rocco Ltda.